# Le juste milieu

Du même auteur

*Meurtres au seuil de l'an 2000. « Une minute de toute beauté »*, Le Seuil, « Points Policier », 2000.

*Humeur et Rumeur sur l'île de Noirmoutier*, en collaboration avec Jean-Pierre Arcile, ACE Concept éditions, 2003.

*Elle est froide, mais elle est bonne*, en collaboration avec Jean-Pierre Arcile, ACE Concept éditions, 2002.

*Le Cabinet des curiosités médicales*, Le Passage, coll. « La Petite Colle », 2007.

*Pour solde de tout compte*, en collaboration avec Philippe Aurousseau, Éditions de l'Île-aux-moines, 2006.

*99 Choses à faire en attendant la fin du monde*, Le Passage, 2012.

*Le Grand Cabinet des curiosités médicales*, Le Passage, coll. « La Petite Colle », 2013.

*Noirmoutier, l'inventaire inachevé*, Litote En Tête, 2013.

*L'Art de surprendre avec trois fois rien*, en collaboration avec Philippe Socrate, Le Passage, coll. « La Petite Colle », 2016.

*Dictionnaire amoureux de San-Antonio*, Plon, 2017.

Éric Bouhier

# Le juste milieu

## Le sexe de l'homme comme vous ne l'avez jamais lu

Illustrations de Michel Boucher

PLON
www.plon.fr

Avertissement :
Cet ouvrage n'est pas un manuel de soins et ne dispense pas d'un avis médical autorisé.


12, avenue d'Italie
75013 Paris
Tél. : 01 44 16 09 00
Fax : 01 44 16 09 01
www.plon.fr
www.lisez.com

Mise en pages : Nord Compo
Dépôt légal : novembre 2018
ISBN : 978-2-259-26825-7

« Le sexe masculin est ce qu'il y a de plus léger au monde,
une simple pensée le soulève. »

Frédéric Dard

# Évolution ou révolution

Si l'écœurement ne dominait pas, on devrait dire merci à Harvey Weinstein, même en se bouchant le nez !

L'affaire qui porte son nom marque sans doute le début d'une révolution féminine et sexuelle, mondiale, comme l'humanité n'en a jamais connue. À partir des années 1960, on a pu penser que la pilule et plus tard le droit à l'avortement avaient libéré les femmes dans les pays où elles y ont eu accès ; ce n'était qu'en partie vrai. Parallèlement, ici et là, la virilité, cet « ensemble des caractéristiques physiques et sexuelles de l'homme » (*Le Robert*), s'était mise à vaciller, et on assistait à sa lente remise en cause. Un demi-siècle s'est écoulé. De nombreux hommes se sont adaptés à cette libération, mais, à l'échelle de la planète, notre nature profonde n'a guère évolué. Ne soyons pas naïfs, il faudra encore révéler beaucoup de scandales de cet ordre pour que les mentalités changent d'une manière durable. Se débarrasser d'un comportement déviant est un processus lent qui commence par la prise de conscience – nous y entrons – puis passe par plusieurs étapes qui ne protègent même pas d'un éventuel retour en arrière. Soyons optimistes ! Les témoignages sous toutes les formes, les documentaires, les prises de parole publiques n'ont jamais été aussi nombreux à dénoncer le machisme de nos sociétés occidentales, peut-être moins visible que dans d'autres pays où la femme n'est pas considérée comme l'égale de l'homme, mais qui comporte, à sa manière, sa part de violence. Enfin, soyons réalistes, nombreux seront aussi les hommes injustement dénoncés, car toute période révolutionnaire ou d'épuration s'accompagne de son lot de vengeances personnelles et de règlements de comptes à peu de frais. La sexualité est au cœur de ces conflits, comme la connaissance de notre corps et de son fonctionnement est au cœur de la sexualité. En viendra-t-on à confondre séduction, flirt et harcèlement, au point de se dissimuler derrière des pages Internet pour charmer l'autre ? L'amour en solitaire, virtuel ou à l'aide d'objets sexuels deviendra-t-il plus fréquent que l'amour à deux ? Qui sait ! Une des rares certitudes est que se connaître soi-même, sans résoudre tous les problèmes, participe au respect de soi, donc des autres, et des femmes en particulier.

Dans cette période où l'on découvre – ou l'on fait semblant de découvrir ! – que les hommes testostéronés, brandissant leur sexe comme un instrument de pouvoir et de domination, sont plus nombreux que ce que l'on imaginait, il n'est peut-être pas inutile de « revenir aux fondamentaux », comme dit le politique, en essayant de décrire notre « machinerie sexuelle », puis d'expliquer clairement son fonctionnement, dont on ne soupçonne pas l'extraordinaire complexité et l'indicible perfection.

L'ouvrage remarquablement documenté de Nina Brochmann et Ellen Støkken Dahl (*Les Joies d'en bas. Tout sur le sexe féminin*[1]) ouvre la voie à une vision nouvelle de l'appareil génital de la femme, rédigée sur un ton de complicité joyeuse. Au-delà de la description de l'appareil génital féminin, il tente de qualifier ce qu'est une vie sexuelle « normale », « sans

1. On trouvera les références manquantes des ouvrages cités ici dans la bibliographie en fin de volume.

insinuer le moins du monde que tout ce qui s'en écarte est mal ou honteux ». J'y ai trouvé un mot plaisant de l'amour, celui de « décontracté ».

Or, à bien étudier la bibliographie, il manque à l'évidence un exercice sur le même mode concernant l'appareil génital masculin, passant de sa description clinique à ses grandeurs et petitesses, et à sa place dans la sexualité ! Plus j'écoute autour de moi des hommes de tous âges et de toutes conditions, plus je me rends compte qu'ils méconnaissent l'anatomie et le fonctionnement de leurs organes sexuels (et de ceux de la femme !), une ignorance pouvant être responsable d'une sexualité insatisfaite dont les plus alarmistes nous annoncent le glissement progressif vers la pornographie, le terrorisme de la performance, la numérisation du désir, le grand déballage dans les réseaux sociaux (les « réseaux cas sociaux », comme dit Laurent Gerra) et l'usage intensif de *sex-dolls*, de *sextoys* et autres *sexes-à-piles*. Ces pratiques concernent en priorité les jeunes qui inventent tous les jours une nouvelle sexualité. Pendant que leurs parents courent les consultations de sexologie et sucent du Viagra à la moindre panne, ils explorent un répertoire sexuel qui consterne les générations précédentes autant qu'il les intrigue. Le couple n'est plus le repère, le devoir n'a plus rien de conjugal, le missionnaire est renvoyé aux colonies et la capote à l'amour caoutchouteux.

Ces changements rapides et la remise en question du pouvoir sexuel des hommes rendent ceux-ci plus inquiets que les femmes, mais, comme le dit Maïa Mazaurette, chroniqueuse au *Monde* : « Seul quelqu'un qui se prend pour un pénis peut avoir peur d'être remplacé par un pénis artificiel, seuls ceux qui ont une sexualité machinale se comparent sérieusement aux machines, seuls les handicapés du sentiment, des petites attentions et de l'estime de soi peuvent craindre la concurrence d'une intelligence artificielle. »

Je me suis posé une question. En tant que médecin généraliste, ai-je la légitimité pour écrire un tel traité, médical certes, mais portant sur un organe particulier du corps humain et ses fonctions spécialisées ? Spécialisées, croyez-vous ? Elles le sont, à l'évidence, mais sauriez-vous citer la spécialité dont relève l'étude de l'anatomie, de la physiologie et des pathologies du sexe masculin ? Je vous poserais la même question concernant l'intestin, vous m'évoqueriez la gastro-entérologie, concernant l'appareil génital féminin, la gynécologie et l'obstétrique, tant ces deux dernières spécialités sont liées. Mais là, rien ! Si j'ai un bouton sur la bite, si je m'inquiète de ma prostate, si j'ai un testicule qui gonfle, qui vais-je voir ? Un urologue ! Bref un spécialiste des voies urinaires, comme si mes problèmes génitaux étaient liés à une histoire d'urine ! D'aucuns m'objecteront que les troubles sexuels peuvent être pris en charge par des spécialistes que l'on appelle « sexologues » ; je ne les contredis pas, ajoutant même, allant dans leur sens, que ces consultations concernent le plus souvent le couple. Mais bien avant de parler de troubles, qui me raconte comment fonctionne ce paquet que je me trimballe entre les jambes et m'informe de tous ces agréments et désagréments, petits ou grands, qui accompagnent ma vie d'homme ? Certes, l'enfant peut compter, au collège ou au lycée, sur quelques intervenants, chargés d'enseignement sexuel, à l'appui d'un programme Éduscol, aussi ambitieux que difficile à mettre en place. L'adulte questionne des médecins généralistes si tant est que le sujet les passionne, et, devenu senior, des urologues, que l'on fréquente plutôt à un âge avancé. J'oubliais les parents, s'ils n'oublient pas que c'est à eux de jouer le rôle d'éducateurs sexuels, et les copains, qui en éprouvent souvent le besoin, les deux sources d'information demandant la plupart du temps à être vérifiées ! Quant à Internet, auquel l'enfant n'échappe pas, le pire côtoie le meilleur. Non qu'un contenu sérieux n'y existe pas, mais parce que ce n'est pas celui vers lequel les moteurs de recherche orientent en priorité (taper le mot « sexe » sur Google est édifiant !). L'information médicale rigoureuse et référencée n'est pas d'accès immédiat ni de lecture facile pour le profane. L'information médiocre, répétitive, vulgaire, envahit les écrans ; fatras de données recopiées à l'infini, tronquées, invérifiables, mensongères, déballage de témoignages insipides, illisibles, orduriers, marée de publicités sur les « produits du sexe » et de liens vers une pornographie accessible aux enfants, et qui, réduisant souvent la femme à la fonction d'objet sexuel, donne, nous le savons, une image sexiste de l'amour physique et désastreuse du respect des êtres humains les uns envers les autres. Un Internet du sexe, fait de réseaux sociaux, sites, blogs et forums où il faut être déjà très averti pour trier le bon grain de l'ivraie.

Enfin, quelques rares curieux m'objecteront, à raison, qu'une spécialité médicale a pour nom l'« andrologie ». Ne vous jetez pas sur Wikipédia ; je vous en livre la définition résumant l'essentiel de la page sur ce terme, où l'on nous prévient que l'article « ne cite pas suffisamment ses sources », n'étant « qu'une ébauche concernant la médecine ». Wiki nous laisse au bord de notre curiosité en nous informant que l'andrologie (du grec *andros*, homme, et *logos*, science) est « la spécialité médicale qui s'occupe de la *santé masculine*, en particulier pour les problèmes de l'appareil reproducteur masculin et les problèmes urologiques particuliers aux individus mâles [*sic*] ». Nous n'en saurons guère plus, les trois sections *Articles connexes, Liens externes* et

*Bibliographie* étant vides de toute référence. Soyons justes, la plupart des articles que Wikipédia consacre par ailleurs à l'anatomie, la physiologie, l'histologie (l'étude des tissus) du sexe masculin, et à la sexualité, sont de remarquable qualité, au point d'être pillés à l'envi par une multitude de sites peu scrupuleux.

Alors, un désert, cette andrologie ? Non, car ce serait ignorer l'existence d'une Société d'andrologie de langue française[1], créée en 1982, regroupant plusieurs centaines de membres ; toutefois, aucun d'eux n'exerce la seule activité d'andrologue ! Arrêtons de tourner en rond ; il est impossible d'individualiser cette spécialité au même titre que la gynécologie et l'obstétrique. Notre appareil reproducteur et notre sexualité semblent bien pauvres comparés aux organes génitaux et à la sexualité de la femme. Nous n'avons ni *nos* médecins dédiés, ni *notre* Simone de Beauvoir, ni *nos* chiens de garde, et aucun philosophe n'a jamais disserté sur cette affirmation, pastiche d'un des adages du féminisme : « On ne naît pas homme, on le devient[2]. » Au-delà de ce constat, il reste que nous connaissons mal notre propre sexe, sur lequel, tour à tour, nous nous extasions ou nous lamentons, notre vie durant. Voilà une méconnaissance que

1. Il existe aussi une EAA (European Academy of Andrology) et une ISA (International Society of Andrology).

2. Une semaine après avoir écrit cette phrase, je découvre que s'est tenue en mai 2018 à Stockholm la 4ᵉ Conférence internationale sur les hommes et l'égalité des chances (ICMEO). Lors d'une conférence sur la masculinité « toxique », Nathan Hamelberg, de l'ONG suédoise Män för jämställdhet (« Les hommes pour l'égalité »), a introduit une vidéo consacrée à la *machofabriken* (« l'usine à macho »), par cette même phrase inspirée de l'œuvre de Simone de Beauvoir. Puis, au fil de mes lectures, je tombe sur la même assertion dans le livre d'Élisabeth Badinter, *XY, de l'identité masculine* : « On ne naît pas homme, on le devient et c'est seulement alors qu'on peut retrouver l'autre, et prétendre à l'androgynat qui caractérise l'homme réconcilié et achevé. » On ne saurait mieux dire, et qu'on ne m'accuse pas de plagiat !

nous partageons avec les femmes, guère mieux averties que nous sur leur propre appareil génital.

C'est pourquoi cet ouvrage fait la part belle à la description de nos organes sexuels et à leur mécanisme intime, avant d'envisager comment cette formidable machinerie fonctionne, seule ou en couple, puis comment celle-ci peut dysfonctionner. Une précaution de langage : quand j'évoque les rapports sexuels, c'est dans le cadre de rapports hétérosexuels. N'y voyez pas de discrimination, mais deux raisons à cela : soit j'évoque les organes génitaux de la femme, et la question ne se pose pas, soit je décris une pratique sexuelle qui ne préjuge pas du sexe du partenaire et je tiens à éviter le fatras de l'écriture inclusive. Vous ne verrez donc pas écrit : la.e partenaire !

J'évite aussi d'émailler le texte de statistiques, car, à trop s'évaluer par rapport aux autres, on s'inquiète, on se rassure facilement ou on se dévalorise. Et puis, il existe quantité de chiffres contradictoires ; on ne sait plus auxquels faire confiance. La sexualité est un des domaines les plus sujets à caution en matière de recueil de témoignages. Trop de réponses à des questions très intimes sont mensongères, soit par pudeur, soit par « désirabilité sociale », un réflexe qui pousse à répondre d'une manière socialement acceptable. Quand je repense aux fameux rapports Kinsey sur la sexualité (*Sexual Behavior in the Human Male* – 1948 et *Sexual Behavior in the Human Female* – 1953), je sais qu'ils ont apporté un éclairage nouveau sur la sexualité masculine et féminine, tout en laissant beaucoup d'observateurs dubitatifs sur la sincérité des réponses. De nos jours, le gigantesque « big data » collecté par Google sur notre sexualité a tout autant de mal à être un reflet exact de nos comportements, car, en dehors d'être un défouloir, il comporte un autre biais, celui d'être plus à l'image de nos fantasmes que de la réalité. Un ouvrage récent paru aux États-Unis expose ces difficultés à se fier aux enquêtes sur la sexualité humaine, ainsi qu'aux statistiques et enseignements qu'on peut en tirer (*Tout le monde ment... (et vous aussi !)*, de Seth Stephens-Davidowitz, Alisio, 2018) ; on n'est pas étonné d'apprendre qu'il voulait appeler son livre *How Big Is My Penis ?*, tant la question génère de demandes sur Internet dès qu'il s'agit d'un sujet sur le sexe !

Me méfiant donc des statistiques et des enquêtes comportementales sur le sexe, je privilégie l'étude anatomique, clinique et physiologique de nos attributs masculins. Arthur Koestler a dit : « La curiosité intellectuelle – vouloir comprendre – dérive d'un besoin aussi fondamental que la faim ou la sexualité : l'énergie exploratrice. » Si ce besoin vous tenaille, entre un bon repas et une nuit d'amour, rendez-vous dans les pages suivantes au banquet de nos attributs et au lit de notre propre sexualité. Et puisque c'est un sujet qui prête souvent à sourire, vous ne serez pas surpris que ce guide laisse place à de nombreuses digressions amusées, puisées dans la littérature ou dans nos conversations.

Il reste que cette balade le plus souvent joyeuse et, espérons-le, instructive a pour but de mieux nous connaître nous-mêmes et de nous rassurer sur notre rapport aux autres, sexuels quand ils sont au pluriel.

En définitive, ce livre parle d'amour, qu'on le rêve, qu'on le fantasme, qu'on le vive ou qu'on le fasse !

Éric Bouhier

# L'appareil ano-génital masculin

Pour beaucoup, l'appareil génital masculin se résume à sa partie visible, sur un corps nu. C'est-à-dire deux organes, l'un impair, le pénis, l'autre pair, les testicules. Il est amusant qu'une expression populaire le qualifie de « service trois-pièces », et curieux d'apprendre qu'il est un des éléments de « l'assiette » du cavalier ! Si ce trio représente l'essentiel du sexe de l'homme, il est relié à toute une tuyauterie, parfois visible sous la peau, elle-même reliée à un organe, préoccupation majeure de nos seniors, la prostate. Économe en canalisation, le pénis permet aussi l'élimination de l'urine vers l'extérieur. Enfin, je prends la précaution d'intituler ce chapitre « L'appareil ano-génital » car la région anale, par ses rapports anatomiques, concourt à une sexualité masculine épanouie, même si des hommes l'ignorent encore aujourd'hui.

Revue de détail !

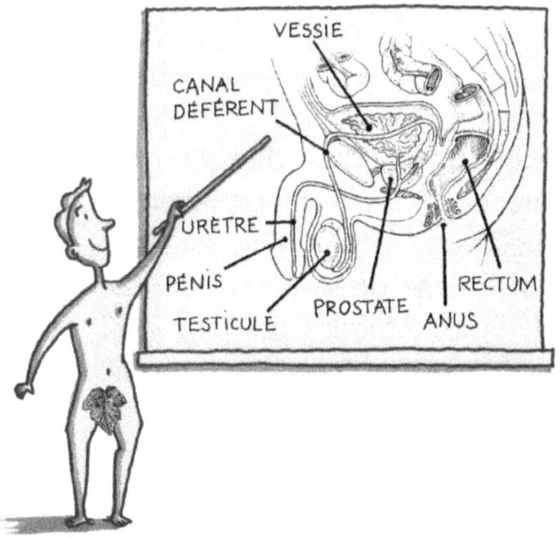

## Verge ou pénis ?

Pour désigner l'organe mâle, on peut préférer le mot pénis à celui de verge, car un pénis ne peut être qu'un pénis alors qu'une verge est aussi une baguette de bois, une unité de mesure, et même une sorte d'épée en vogue au Moyen Âge. Et un roman de Guillaume Apollinaire quand il y en a onze mille ! Va donc pour le nom commun *pénis* et son adjectif *pénien*, dérivés du latin *pendeo*, pendre, une étymologie nous éclairant sur le bien-fondé de ce mot bizarre.

En introduction de ce sujet – j'entends glousser des animateurs télé toujours à l'affût d'une allusion grivoise –, débarrassons-nous des sempiternelles questions sur sa taille, objet de toutes les angoisses ou de toutes les fiertés, aussi ridicules les unes que les autres. Plus loin, je fais des commentaires analogues sur la taille et le poids de nos testicules. Petite ou grande, la dimension du pénis ne préjuge en rien du bon ou mauvais usage que nous sommes capables d'en faire. Et puisque, moi en écrivant cela ou vous le lisant, nous pensons tous à l'aspect sexuel de sa fonction, on ne redira jamais assez aux vantards que « mieux vaut un petit poisson qui frétille qu'un gros qui roupille » ! Sachant de plus qu'on peut avoir un pénis jugé petit au repos mais de belle taille en érection. Bref, s'il mesure de 7 à 10 cm en sommeil et de 14 à 18 cm au garde-à-vous, notre pénis est dans la moyenne nationale, et on se fiche de savoir si les Asiatiques en ont des plus petits et les Africains des plus gros. Même si c'est vrai ! Sont-ils meilleurs ou moins bons amants pour autant ? Évidemment non ! Qu'on me comprenne, je prends un peu à la légère le complexe que représente l'idée, et l'idée seule, d'avoir un petit sexe, mais souvent les premiers rapports « réussis » rassurent ceux qui doutent de leurs mensurations viriles. Les autres seraient moins angoissés en apprenant que les femmes sont beaucoup plus clitoridiennes que vaginales et que, de toute façon, les cinq premiers centimètres du vagin (appelés joliment « terrasse de jade » par les Chinois) sont les plus riches en terminaisons nerveuses ! Mener sa partenaire à l'orgasme dépend de multiples facteurs, parmi lesquels ce qu'on juge, souvent à tort, être un pénis de petite taille n'entre pas en ligne de compte. Et si tant est que faire jouir chaque fois sa partenaire soit le seul but des rapports sexuels et amoureux ! Cette première mise au point me permet d'évoquer une première pathologie dans cet ouvrage : *le syndrome du vestiaire*. Ce n'est pas la plus grave. Tous les hommes, sauf les circoncis, ont un jour remarqué que le froid et le sport intense contractent la peau du prépuce, ramenant la taille du pénis à la portion congrue. Si on regarde notre pénis de haut, il n'a pas fière allure. Néanmoins, grâce à un effet de perspective, il nous paraît cependant moins ridicule vu dans une glace. Voilà les ingrédients de ce syndrome, car le vestiaire est le lieu par excellence où l'on déambule la queue à l'air, du banc à la douche. Le retour des douches, où la chaleur a pu ramener l'engin à des proportions normales, est souvent plus décontracté que l'aller ! Mais j'arrête d'ennuyer les lectrices avec nos petits complexes de mâles inquiets ou insatisfaits.

Revenons au problème de la taille, car, aussi rassurant qu'on puisse être, il n'est pas rare que ce complexe prenne la forme d'un syndrome psychiatrique connu sous le nom de « dysmorphophobie », une crainte irraisonnée, apparentée aux troubles hypocondriaques (classification DSM-5 – Diagnostic and Statistical Manual of Mental Disorders). Elle concerne bien d'autres parties du corps humain où un défaut imaginaire, ou minime, peut entraîner un véritable trouble obsessionnel compulsif de vérification, à l'origine de sentiments de gêne pouvant aller jusqu'à la phobie sociale.

Nourrir un complexe sur la taille de son pénis peut donc être un véritable handicap pour une relation amoureuse et une vie sexuelle harmonieuse. C'est une pathologie à prendre au sérieux et qui relève d'un soutien psychothérapique.

De même, on doit s'inquiéter, et là aussi à juste titre, des micropénis, en général diagnostiqués à la naissance. On parle de micropénis chez l'adulte quand il mesure moins de 7 cm en érection. En dehors de malformations congénitales, pour l'essentiel, ils sont la conséquence de problèmes hormonaux liés à la production insuffisante de testostérone ou d'hormone de croissance, ou à la mauvaise réceptivité des tissus à ces hormones, pendant la grossesse et après la naissance. Dans tous les cas, nous sommes en présence de pathologies qui requièrent une recherche étiologique (des causes) et des traitements adaptés. En tant que médecins, nous sommes moins sollicités par les hommes ayant un macropénis (plus de 20 cm au repos). Ils sont rares et se satisfont en général de cette anomalie !

Une mise en garde s'impose, concernant la taille de notre *engin* ; la chirurgie d'allongement du pénis ne se justifie aucunement, en dehors des vrais micropénis. Elle consiste, pour les méthodes les moins invasives, à injecter sous la peau la propre graisse du patient, une graisse qui fond au cours des mois et qui n'augmente en rien la taille du pénis en érection. La péniplastie, l'injection d'acide hyaluronique dans le gland, est une variante qui nécessite elle aussi d'être renouvelée (voir « Éjaculation précoce », p. 161).

Si l'on se focalise, à en souffrir, sur la petite taille de son sexe (malgré tout supérieure à 5 ou 6 cm au repos), j'insiste ; c'est plus à une aide psychologique qu'il faut avoir recours. C'est moins cher, ça fait moins mal, c'est plus efficace et ça dure plus longtemps. En dernier lieu, une visite au zoo où l'on peut avoir la chance d'apercevoir le sexe d'un grand mâle gorille devrait permettre de surmonter cette angoisse : il mesure entre 3 et 5 cm !

À ce sujet, des scientifiques ont découvert l'extraordinaire innervation du pénis humain comparé à celui des primates, une mutation qui aurait commencé chez les premiers hominidés, avec la naissance du plaisir, associé à la fonction de simple reproduction. La plupart des singes possèdent un os pénien relié à un muscle dont la rétraction suffit à provoquer l'érection. L'innervation de leur pénis n'est en rien comparable à celle de l'homme, résultat de 4,5 millions d'années d'évolution. Par leur capacité à susciter des jeux sexuels et à provoquer l'orgasme, les appareils génitaux de l'homme et de la femme ont développé une innervation qui n'a aucun équivalent dans le règne animal.

Je lis ce matin une étude coréenne, portant sur 144 hommes, publiée dans l'*Asian Journal of Andrology*, sous la direction du Dr Tae Beom Kim de la Gachon University à Incheon en Corée du Sud. J'apprends que, plus la différence de taille entre l'index et l'annulaire est marquée, plus la longueur du pénis en érection est importante. Horreur, mes deux doigts sont presque de la même longueur ! Vite, il me faut trouver une autre comparaison, cette fois en ma faveur. Un premier soulagement : des chercheurs de l'University of Warwick et de l'Institute of Cancer Research de Londres ont démontré que le risque de cancer de la prostate est réduit d'un tiers chez les hommes dont l'index est aussi long que l'annulaire. Mais cela ne me rassure pas sur la taille.

Heureusement, les études sur le même thème ne manquent pas. Ainsi, des scientifiques grecs assurent, preuves à l'appui, que la taille du pénis est corrélée à la taille de l'index, et non du pouce, comme une rumeur populaire voudrait nous le faire croire. Voilà qui me tranquillise un peu, car j'ai mis mon index à contribution, professionnellement parlant, pour explorer les entrailles (la prostate) de quelques-uns de mes contemporains ; je n'ai jamais été limité par sa taille ! En poussant mes recherches, je découvre que des scientifiques turcs et iraniens montrent que la taille du pénis en érection est significativement proche de la taille du pénis au repos après étirement manuel de sa peau. Je tente l'expérience, elle est amusante, et peut vite devenir douloureuse ! Je lui préfère l'avis de mon boucher, aux mains d'étrangleur, persuadé que la longueur du pénis en érection est égale à la distance sommet de l'index-base de la paume de la main.

On prendra toutes ces données avec circonspection, tout en réalisant que le pénis prend parfois le nom de membre, qualifié de viril, et que l'idée de le comparer avec la main vient peut-être de cette terminologie.

Le pénis nous réserve d'autres surprises anatomiques qu'une bonne observation de notre propre corps permet de découvrir. Attardons-nous un peu sur le raphé médian et la bande striée. Le raphé correspond à la fermeture des tissus sexuels embryologiques. Examinez-vous attentivement, devant une glace en vous soulevant la verge ; chez l'homme[1], ce raphé est visible sous forme d'une ligne médiane en relief partant de l'anus, remontant sous les bourses, puis le long de la face postérieure du pénis jusqu'à une suture en forme de triangle étiré, le delta frénulaire. Il est surmonté du frein ou *frenulum*, attache inférieure du prépuce sur la base du gland. Décrite par John Taylor en 1996, la bande striée correspond à une douzaine de plis partant du delta et entourant le prépuce et le pénis. C'est au sommet des ondulations de ces plis que se trouvent les corpuscules de Meissner, des récepteurs nerveux très sensibles à un étirement mécanique. Une partie de notre sexualité en dépend !

Si je m'attarde sur ces détails, c'est parce que cette zone, la bande striée, est dix fois plus innervée que la pulpe des doigts, une des zones déjà les plus sensibles de notre organisme. Ainsi, le delta frénulaire est si riche en fibres sensitives que certains y voient l'équivalent du point G de la femme. Rappelons-nous ces particularités ; nous y reviendrons, tant elles prennent toute leur importance dans l'appréciation des conséquences de la circoncision !

J'en profite pour signaler que le frein peut être un peu court, gênant le décalottage et susceptible de se rompre lors des premiers rapports. En général, on n'attend pas cet accident pour corriger cette anomalie congénitale par une simple plastie d'allongement (minime résection chirurgicale).

1. Chez la femme, le raphé ne se ferme pas et se poursuit par les petites lèvres. La cruelle infibulation consiste à suturer ces petites lèvres chez la jeune fille prépubère afin d'empêcher tout rapport sexuel avant le mariage. Une horreur !

Avant de détailler les autres composants du pénis, je termine sur une note plus légère, destinée à rassurer ceux qui s'étonneraient de l'aspect granuleux un peu étrange que peut présenter la peau du pénis et des bourses, ressemblant alors à de la peau de poulet. Les plus observateurs auront remarqué le même aspect fréquent des petites lèvres du sexe de la femme. Il ne s'agit que de glandes sébacées, banales, de teinte plus claire que la peau, d'où peut partir un poil, sur le scrotum en particulier. Connues sous le nom de grains de Fordyce, elles sont parfaitement physiologiques, tout traitement médical ou chirurgical visant à les faire disparaître n'étant d'aucun intérêt.

Ces mises au point étant faites, partons à la découverte de la structure de cet appendice, objet de toutes nos attentions, que l'on tient tendrement en main plusieurs fois par jour, qu'on le juge moche ou mignon, trop petit, normal, fripé ou élégant.

Dans l'Antiquité, le phallus désignait le pénis en érection, objet de culte dans de nombreuses civilisations.Le terme, repris en psychanalyse, évoque la fonction symbolique du pénis. Vous ne serez pas surpris d'apprendre que le symbole masculin ♂ représente les armes, bouclier et lance, du dieu de la guerre, Mars, alors que le symbole ♀, en forme de miroir, est celui de la déesse de l'amour, Vénus. Les mycologues sont gens facétieux, ayant donné le nom de Phallus impudique et Phallus nauséeux à deux champignons caractérisés par leur forme suggestive, mais aussi par leur odeur épouvantable. Sympa !

## *Le gland*

*On n'est pas bien, là, à la fraîche,*
*décontractés du gland ?*

Gérard Depardieu dans *Les Valseuses*,
Bertrand Blier, 1974

Le gland ressemble à un gland[1] !

Prolongeant le corps spongieux (voir p. 30), il est situé à l'extrémité du pénis, et se dilate au même rythme que lui pendant l'érection. C'est un organe richement innervé, comme le clitoris, tous deux possédant plusieurs milliers de fibres nerveuses, mais ce dernier sur une surface plus petite, le rendant plus sensible. L'un et l'autre sont dérivés du même bouton germinal qui se différencie à la douzième semaine chez le fœtus. On parle du gland du clitoris, et de son capuchon. La comparaison

1. Les termes argotiques, glander, glandouiller, glandu, glandeur ont une étymologie commune avec le fruit du chêne où les bergers amenaient les cochons se régaler « à la glandée ». Une activité jugée peu fatigante !

anatomique s'arrête là, car, à la différence du clitoris, c'est, chez l'homme, à l'extrémité du gland que débouche l'urètre (sous le clitoris chez la femme), au niveau du méat urinaire ou urétral, fendu d'avant en arrière. Le gland est recouvert par le prépuce, sauf en cas de circoncision et pendant l'érection. Chez l'homme circoncis, le gland est en contact permanent avec les sous-vêtements, et avec le soleil dans les camps de nudistes. Ce frottement aboutit à une kératinisation de la surface muqueuse dont la seule conséquence, que d'aucuns jugent bénéfique, est une légère perte de sensibilité, d'où un retard possible à l'orgasme. Cela n'empêche pas certains hommes circoncis d'être éjaculateurs précoces !

On sait moins que de très fines excroissances de chair peuvent apparaître, dès l'adolescence, autour de la base du gland, plus fréquentes chez les hommes non circoncis et dans la communauté noire. Non contagieuses, indolores et tendant à disparaître seules, ces papules nommées « couronne perlée du gland » peuvent être traitées au laser en cas de gêne esthétique ou psychologique.

## *Le prépuce*

Il fait suite au fourreau, la peau qui recouvre le pénis. Ce bout de peau molle et mobile, protégeant le gland, fripé au repos, et à cause duquel il nous arrive de nous pisser sur les godasses, a bien piètre allure. Sa fréquente ablation (la circoncision) semble n'avoir jamais de conséquences médicales. Hormis la très vive douleur consécutive à sa section, la pénibilité de la période de cicatrisation et sûrement quelques infections en cas d'intervention à la propreté douteuse ! Mieux, certains imaginent qu'elle a des avantages sur le plan hygiénique, et même sexuel ; les explications qui vont suivre feraient bien d'ébranler leurs certitudes !

Les découvertes histologiques récentes décrivent le prépuce comme un organe à part, unique par la structure de son tissu, sans équivalent ailleurs dans notre organisme.

*Un mot de son anatomie*

Le prépuce est un anneau de peau molle qui recouvre tout ou partie du gland, mais entièrement celui-ci, chez l'enfant, grâce à des adhérences disparaissant avec l'âge. Ces adhérences n'empêchent pas l'érection, même chez le nourrisson. Une petite taille de l'anneau préputial à l'extrémité du prépuce peut être à l'origine d'une gêne douloureuse au moment de l'érection. On parle alors de « phimosis ». Et de « paraphimosis » si le prépuce une fois rétracté est bloqué derrière la couronne du gland, malgré le retour du pénis à la flaccidité. Le traitement, médical ou chirurgical, est guidé par la douleur et la persistance de ces deux affections, en réalité banales, au-delà de l'âge de 5 à 10 ans. La peau du prépuce en contact avec le gland est plus sensible, dépourvue de kératine. Le prépuce s'insère sur le fourreau au niveau du sillon dit « balano-préputial ». Au début de l'érection, le prépuce glisse et se replie sous la base, la couronne du gland, d'où l'expression imagée et argotique de « petit chauve à col roulé ». Le sillon est le siège de glandes (leur infection s'appelle la « balanite ») qui sécrètent une substance blanchâtre, à consistance de fromage caillé, appelée « smegma » ; il ne sent pas bon, intrigue beaucoup les garçons et, chez les femmes, peut être confondu avec des pertes blanches. Il s'accumule si le gland n'est pas décalotté assez souvent et possède une odeur musquée assez forte. On doit nettoyer le gland régulièrement, à l'eau sans additif, mais pas quotidiennement chez le jeune enfant car le smegma a une fonction lubrifiante qui diminue les risques de phimosis. Mamans du monde, arrêtez de décalotter bébé tous les jours ; pour l'hygiène de vos nourrissons, pour ne pas multiplier les risques de blessures et pour éviter que ce geste à connotation érotique ne développe un complexe d'Œdipe compliquant sa vie sexuelle d'adulte.

*Qu'en est-il de la circoncision ?*

Commençons par les rares aspects positifs. Il est évident qu'elle empêche le smegma de s'accumuler, et qu'elle met l'enfant chez lequel elle est pratiquée à l'abri du phimosis et du paraphimosis, déjà cités. Ce sera tout pour les bonnes nouvelles, sachant de plus que, pour traiter ces deux types d'affection, l'ablation totale du prépuce n'est pas nécessaire et qu'une simple excision limitée les corrige facilement. En réalité, l'application de corticoïdes locaux est efficace dans la plupart des cas.

Nous le savons, la circoncision est largement répandue dans toutes les civilisations, pour des motifs culturels ou religieux, et sûrement depuis des temps reculés. Il s'agit d'une mutilation des organes génitaux, pour de bons ou de mauvais prétextes, n'ayant toutefois pas les conséquences désastreuses de l'excision des petites filles, une pratique barbare, indigne et illégale dans la plupart des pays du monde. Pourtant, si vous vous reportez à ce que j'ai mentionné plus haut sur les particularités du prépuce que l'on doit considérer comme un organe à part, vous verrez que sa disparition peut avoir des conséquences, pas toujours visibles, mais hautement dommageables.

À commencer par la perte de sa fonction mécanique de roulement lors des mouvements de pénétration. Le prépuce représente 50 % de la peau du pénis, lui fournissant, lors de l'érection, un « rab » de peau bien utile qui bénéficie sur le plan sensoriel de l'agréable va-et-vient des rapports sexuels bien lubrifiés.

Mais le plus grave est ailleurs. On a vu l'extraordinaire innervation de ce petit bout de peau, frein et bande striée compris. Sans lui, nous perdons non seulement la moitié de la peau du pénis, mais surtout 80 % de sa capacité sensorielle ! Ce n'est pas fini ! La zone cicatricielle, où des milliers de terminaisons nerveuses ont été sectionnées, devient le lieu, soit d'extrémités nerveuses qui dégénèrent, soit de cônes de croissance se heurtant à une cicatrice impénétrable et formant des neurinomes, sortes de microscopiques kystes nerveux, susceptibles d'être douloureux. Les signaux sensitifs sont diminués et perturbés, gênant la perception de la progression de l'orgasme. Celui-ci peut-être retardé, ce qui peut satisfaire certains amants, il peut surtout survenir brutalement, une infortune pour des rapports partagés et harmonieux. Kenneth McGrath (*Anatomy and Histology of the Penile and Clitoral*) raconte ainsi ce qui est évoqué dans des traités de sexologie sous le nom de « dyspareunie » : « Que se passe-t-il alors chez l'homme circoncis ? Lorsque l'orgasme se produit et que les signaux sensoriels provenant [des restes] du prépuce commencent à diminuer, ceux-ci deviennent insuffisants (moins de 50 %) pour maintenir l'inhibition du gland : l'homme ressent soudain une sensation des plus désagréables provenant du gland et veut un arrêt instantané du mouvement. Soit il s'est retiré de sa partenaire, soit il est toujours à l'intérieur et dit quelque chose comme : "Pour l'amour de Dieu, stop ! Ne bouge pas, c'est insupportable !" »

Dernier argument allant à l'encontre de la circoncision : l'amélioration de l'hygiène du pénis grâce à cette pratique est un leurre. Aucune étude incontestable sur le plan méthodologique n'a apporté la moindre preuve dans ce domaine.

Hommes circoncis, je devine au mieux votre scepticisme, au pire votre désarroi. En effet, si vous êtes convaincus de cette démonstration, il est trop tard, car, à ma connaissance, la reconstruction du prépuce n'existe pas, à imaginer qu'elle soit efficace ! D'autres m'objecteront qu'ils ont une sexualité épanouie et des orgasmes de qualité, renvoyant ces théories au rang d'hypothèses hasardeuses. Ils ont raison : la médecine n'est pas une science exacte, et le corps humain a des pouvoirs insoupçonnés pour contourner un dysfonctionnement ou même la perte d'une fonction. Le débat est ouvert, et la liberté, quand elle ne nuit pas aux autres, doit présider aux rapports humains, sexuels ou non. Mais quand on sait que l'excision chez la petite fille détruit une zone d'une sensibilité extrême, on est en droit de se demander si l'ablation du prépuce, ce trésor de fibres sensitives, ne risque pas lui aussi d'avoir des conséquences irréversibles sur toute la vie sexuelle.

Recalottons ce chapitre qui se veut déstabilisant, avec une anecdote sémantique qui, elle, ne prête pas à conséquence ; le mot « puceau » ne serait que le masculin de « pucelle », terme venant probablement du latin *pulla* ou *purus*, pur, sans tache. Rien à voir avec le prépuce qui vient de *praeputia*, signifiant « devant le pénis ».

## *Les corps caverneux, le corps spongieux, l'albuginée et la grande bleue*

Coupons transversalement un pénis à peu près en son milieu (ceci est une image). On trouve, de la surface vers le centre :

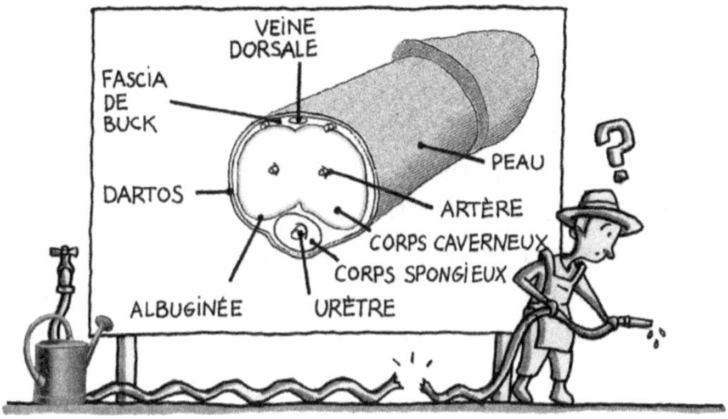


– La **peau**, appelée « fourreau ». Jusqu'ici, pas de surprise. Elle n'a rien de particulier, si ce n'est une finesse et une extensibilité propres à cet organe, mais nous avons vu que cette disposition à se distendre se faisait largement aux dépens du prépuce. Il n'y a pas de poils malgré la présence de glandes sébacées, les grains de Fordyce, et elle serait légèrement plus pigmentée que le reste de la peau.

– Le **dartos**. Nom énigmatique ! Il s'agit d'un muscle lisse, très fin, enveloppant la verge, se poursuivant dans le scrotum où sa riche vascularisation lui permet de réguler la température des testicules.

– Un **tissu cellulaire** dans lequel circulent veines, artères, réseau lymphatique et nerfs que nous reverrons.

– Le **fascia profond du pénis**, ou fascia de Buck, une membrane fibreuse, résistante, équivalente à celle que l'on trouve dans d'autres parties du corps sous le nom d'« aponévrose ».

– L'**albuginée** (du latin *albugo*, taie), une enveloppe de tissu conjonctif (riche en collagène) blanchâtre, assez épaisse, devenant rigide dès qu'elle atteint son taux de dilatation maximum. On la retrouve au niveau des testicules et même des ovaires. Dans le pénis, elle recouvre les corps caverneux et le corps spongieux.

Comme pour les dirigeables, le remplissage des corps caverneux est indispensable avant de s'envoyer en l'air[1] !

– Les deux corps caverneux sont deux tubes juxtaposés, insérés sur la face inférieure du pubis, séparés l'un de l'autre par un « septum », une membrane, perméable. Avec l'immodestie qui caractérise les hommes, certains n'hésitent pas à les comparer à des canons de fusil ou, mieux, aux deux boosters d'une fusée quand elle est prête à décoller et qu'ils sont gorgés de propergol. Mais revenons sur Terre ! Nos corps caverneux sont essentiels à l'érection ; parcourus en leur centre par l'artère caverneuse, ils peuvent se remplir de sang grâce au relâchement de leurs fibres musculaires jusqu'à la limite d'extension de l'albuginée.

– Dans le renflement postérieur des corps caverneux, on trouve le corps spongieux, un tube recouvert de sa propre albuginée, parcouru par l'artère bulbo-urétrale. Lui aussi se dilate sous l'arrivée du sang, comme le gland, fait du même tissu et qui n'est autre que son prolongement à l'extrémité du pénis. À la racine du pénis, il s'élargit sous forme d'un bulbe. Les muscles bulbo-spongieux (ou bulbo-caverneux), droit et gauche, insérés sur le noyau fibreux du périnée, encerclent la base du pénis. Ils sont reliés par un muscle qui passe en pont au-dessus du pénis, participant, avec les muscles bulbo-spongieux, à l'érection en refoulant le sang vers sa partie distale. Par la même

1. On s'amusera d'autres métaphores astronomiques en matière d'anatomie du sexe et de sexualité ; depuis la comparaison des fesses avec la Lune, la découverte du mont de Vénus chez la femme, le plaisir d'être au « septième ciel » jusqu'à « la mise en orbite », sans parler des grands trous noirs qui absorbent tout ce qui passe à leur portée.

occasion, ils facilitent l'expulsion du sperme vers le méat urétral lors de l'éjaculation. Il s'agit du muscle de Houston, ce qui, à la prochaine panne de vos boosters, vous autorise à lancer ce premier cri de détresse : « *Houston, I have a problem !* » À dire des bêtises, j'allais oublier de signaler que le corps spongieux a un rôle essentiel de protecteur de l'urètre qu'il contient sur toute la longueur de la verge.

Tout cela forme une belle mécanique qui, pour fonctionner, nécessite du sang, des nerfs, un drainage lymphatique et, souvent… de la sueur !

– La vascularisation est le fait de deux artères péniennes, issues des artères honteuses, que le « médicalement universel » a rebaptisé « artères pudendales ». Chacune donne trois branches, une cheminant sur le dos et jusqu'à l'extrémité du pénis, une irriguant les corps caverneux, la troisième le corps spongieux. Comme il faut bien que ce sang revienne dans la circulation générale, le retour s'effectue par les veines dorsales profonde et superficielle, cette dernière étant souvent gonflée dans l'érection ; dans l'intimité, on s'amuse à la qualifier de « grande bleue » !

– On verra en détail l'innervation du pénis dans le passage consacré à l'érection. Sachez qu'elle est triple :

- L'innervation parasympathique, proérectile, émergeant des premières racines nerveuses du sacrum (S2 à S4), un os pyramidal prolongeant la colonne vertébrale, correspondant à cinq vertèbres sacrées, soudées.
- L'innervation sympathique qui maintient notre membre flasque ; elle émerge de racines au niveau de vertèbres dorsales et lombaires (D11 à L2).
- L'innervation somatique, sensitive et motrice, est relayée par les nerfs honteux. De quoi, je ne sais pas,

mais il devait être tellement honteux qu'il est, lui aussi, appelé désormais « pudendal ».

– Les canaux lymphatiques de la verge sont bilatéraux et drainent la lymphe vers les ganglions profonds et superficiels de l'aine. Ce sont eux qui gonflent en cas d'infection de l'appareil génital.

Dans les pages précédentes, vous aurez remarqué que des termes de l'anatomie du pénis se retrouvent dans l'anatomie de l'appareil génital féminin ; ce n'est pas étonnant car l'appareil génital est indifférencié chez le fœtus jusqu'à la douzième semaine. Ainsi, on découvre avec étonnement que la femme possède les principaux constituants du pénis, derrière la vulve. Seul le gland, émergeant, est visible, prenant le nom de « clitoris » dont le capuchon n'est autre que l'équivalent du prépuce. Quant aux corps caverneux et aux deux corps spongieux, nommés « bulbes du vestibule » chez la femme, ils ont la faculté de se gorger de sang et de se dilater en cas d'excitation sexuelle. Des précisions allant à l'encontre de la nature de nos attributs sexuels, qu'on imagine exclusivement masculine !

Voilà donc comment est constitué ce pénis, fonctionnel, prêt à assurer une tâche quotidienne, basiquement urinaire, et une plus épisodique, sexuelle et de temps en temps reproductrice.

Une question anatomique demeure : comment tient-il arrimé à notre bas-ventre. Si vous pensez que la peau, l'urètre, les artères et les veines suffisent, vous vous trompez. Ils y participent, mais, s'ils étaient les seuls points d'ancrage, ils nous laisseraient un membre et ce qui bringuebale en dessous tristement pendouillants, étirés et sûrement très douloureux. Heureusement – nous l'avons évoqué au hasard des passages –, les corps caverneux et le bulbe du corps spongieux sont insérés à la symphyse pubienne. Mieux, un système musculaire limité mais puissant sert de haubans et participe à l'érection ; ce sont les muscles bulbo-spongieux, ischio-caverneux et, dans une moindre mesure, le muscle transverse superficiel du périnée. Les bourses, elles, munies d'un cordon spermatique et du muscle crémaster, possèdent leur propre système d'arrimage.

Vous en savez maintenant autant qu'un étudiant en deuxième année de médecine sur l'anatomie et la physiologie du pénis. Peut-être plus !

## Les valseuses, précieuses toujours, ridicules jamais

*Ça m'en touche une sans faire bouger l'autre.*

Jacques Chirac

J'aurais pu intituler ce passage : « Les testicules ». Du latin *testis*, témoin. Témoin de quoi, me direz-vous ? De notre virilité, bien sûr ! Une racine bien différente de celle du mot « test », comme l'avait fort bien compris un de nos grands publicitaires, Jacques Séguéla, auteur de cette sentence : « Moins de tests, plus de testicules. » Mais si j'ai choisi le joli nom de « valseuses », c'est parce que l'argot (voir p. 236) a su merveilleusement qualifier nos attributs, comme tant d'autres parties… du corps humain. Bertrand Blier n'a pas intitulé son roman et son célèbre film sur la vie débridée de deux loubards *Les Testicules* ! Valseuses, donc, sans autre explication que de nous inciter à imaginer leur danse, jumelles inséparables, au gré des déhanchements de leur propriétaire. Et peut-être parce qu'elles suivent fidèlement le « valseur » – les fesses en argot – du même propriétaire, taquinant parfois celui d'une compagne, ou d'un compagnon, suivant les attirances du monsieur. L'argot n'est pas avare de synonymes de testicules, ne rechignant pas à les décliner au féminin, tels que roupettes, roubignoles, joyeuses, coucougnettes, précieuses, balloches, noisettes et autres burnes (attention, le burn-out n'a rien à voir avec la stérilité !). C'est tout aussi vrai de notre verge, bite, quéquette ou zigounette, et de tant d'autres inventions lexicales, que l'on affuble de mots doux comme si l'on s'adressait à un animal de compagnie. Cette féminisation du vocabulaire de nos attributs les plus virils révèle, à n'en pas douter, notre part de féminité et a pour pendant (si je puis dire !) la masculinisation de bon nombre de termes du sexe de la femme ; le vagin, le clitoris, l'utérus et l'ovule en témoignent. Mais revenons à nos valseuses et attardons-nous un instant sur leur synonyme le plus usité : les couilles ! Le terme remonte à l'Antiquité, *culleus* désignant, en latin, un petit sac en cuir. Traversant les siècles, il a pris plusieurs sens, alimentant de très nombreuses expressions populaires : partir en couille, une couille dans le potage, à couilles rabattues, de la couille en barre, coûter la peau des couilles… Il peut avoir un côté tendre : « Ça va, ma couille ! » ou atteindre des sommets de vulgarité : « Se vider les couilles ». Pour ma part, je l'ai rayé de mon vocabulaire le jour où je l'ai entendu dans la bouche d'une jeune fille qui, plaquée par son petit ami, « s'en battait les couilles » !

À supposer qu'elle ait bien voulu m'écouter sans me traiter de casse-couilles, j'aurais pu lui expliquer que ses couilles, qu'elle disait battre, étaient un organe exclusivement masculin et qu'elle aurait mieux fait, pour le même résultat, de s'en tamponner le coccyx !

Je lui aurais appris que, après s'être développées chez le fœtus dans la paroi dorsale de la cavité péritonéale, près des reins, elles migrent vers le troisième mois de la grossesse dans le canal inguinal (voir « La hernie inguinale », p. 216), puis, au cinquième mois, achèvent cette descente testiculaire dans le scrotum, autrement dit dans ce petit sac en cuir que nous évoquions plus haut, encore appelé « les bourses ». Si, insistante, elle avait voulu comprendre ce curieux mécanisme, je lui aurais volontiers expliqué que les premières sécrétions de testostérone du fœtus dilacèrent le ligament suspenseur crânial qui, jusqu'alors, maintenait haut en place les testicules. Puis que la même hormone permet le développement d'un ligament très lâche, le *gubernaculum testis*, auquel ils sont retenus. En se rétractant, celui-ci tire les testicules vers le fond des bourses avant de les fixer afin de les empêcher de remonter. Normalement !

Parfois, cette migration peut être incomplète, l'un ou les deux testicules restant bloqués soit dans l'aine, alors palpables, soit plus haut et plus difficiles à rechercher. Qu'un médecin scolaire ou un pédiatre examine le scrotum d'un garçon pour s'assurer qu'il n'est pas vide (ou orphelin d'une des deux frangines !) est un geste médical qui peut éviter bien des futures stérilités masculines. D'autant plus que leur absence, nommée « ectopie testiculaire » ou « cryptorchidie », repérée à l'enfance, se corrige facilement et sans conséquence. Qui plus est, cette ectopie est souvent le fait d'un « testicule ascenseur » qui, remontant de temps en temps à l'occasion de stress, du froid ou d'émotions fortes, descend de façon définitive, à la puberté, dans son cocon protecteur. « Dans le courant de ma neuvième année, l'un de mes testicules décida apparemment qu'il en avait assez de vivre au fond de mon scrotum et commença à faire route vers le nord », se lamente le pauvre Alex, dans *Portnoy et son complexe.*

## *À quoi servent-elles ?*

À partir de la douzième semaine de développement de l'embryon, les gonades ou cellules sexuelles, alors indifférenciées, se différencient, chez le garçon, en testicules, chez la fille, en ovaires. Au terme de leur développement, trois grands types de cellules constituent l'essentiel du tissu testiculaire : les gonocytes donnent naissance aux spermatozoïdes, les cellules de Leydig sécrètent des hormones, dont 95 % de toute la fameuse testostérone produite par notre organisme, les cellules de Sertoli assurant un rôle nourricier et protecteur des précédentes.

Cette double fonction de production de spermatozoïdes et de contrôle hormonal de notre comportement sexuel est elle-même régulée par des hormones stimulantes (gonadostimulines) sécrétées par une petite glande située à la base de notre cerveau, l'hypophyse.

## *Que faut-il retenir de l'anatomie ?*

Pour assurer une spermatogénèse (la fabrication de spermatozoïdes) normale, il est impératif que nos deux testicules soient maintenus à une température ni trop chaude ni trop froide (aux alentours de 34 °C), d'où leur position normale à distance du pelvis, et la nécessité de corriger les ectopies vues plus haut.

Une conséquence : dans certaines circonstances, notre corps a le réflexe de les mettre un peu plus au chaud en contractant le muscle crémaster et en rétractant la peau du scrotum. Nous avons tous fait l'expérience de pauvres bourses toutes ridées au sortir d'un bain de mer dans des eaux à 18 °C.

Et une anecdote : ces deux petites boules accrochées à notre bas-ventre signent tellement l'appartenance au genre masculin qu'un pape ne peut pas être élu sans que l'on vérifie qu'il *duos habet et bene pendentes* (qu'il en a deux et bien pendantes). Enfin, c'est ce que la tradition nous apprend ! Pas question qu'on nous refasse le coup de la papesse Jeanne (IXe siècle), à l'origine de cette ultime précaution, précédant le lâcher de la célèbre fumée blanche !

Quant au testicule qui pend plus que l'autre[1], c'est en raison d'une vascularisation un peu plus importante d'un côté (gauche, surtout), et donc d'un problème de poids. À part faire un peu désordre chez les maniaques de la symétrie (et le curé de Camaret), ce phénomène quasi constant n'a aucune conséquence. Sauf pour votre tailleur qui s'inquiétera de savoir si vous portez à gauche ou à droite !

Les testicules sont si organiquement la marque de notre virilité que vous m'en voudriez de ne pas évoquer leur taille et leur poids, sujets d'angoisse ou de vantardise, l'une et l'autre injustifiées. De forme ovoïde, ils pèsent 20 à 30 g pour une hauteur de 3 à 5 cm. Il existe donc

1. On consultera avec intérêt l'article de Chris McManus (Angleterre) sur son « Étude de l'asymétrie scrotale des hommes dans les statues anciennes » in *Nature*, 1976, qui lui valut le prix Ig-Nobel de médecine, en 2002.

des petites coucougnettes (un diminutif fréquent et, par la même occasion, un pléonasme !), source d'inquiétude, et des grosses burnes, à l'origine d'une expression bien de chez nous : *le sévèrement burné* ! Amis mal équipés, il est temps de redresser la tête. Deux sérieuses études italienne et américaine semblent montrer que, chez les mieux pourvus, la taille avantageuse des attributs serait due à un excès de vascularisation, les rendant plus sujets aux accidents cardio-vasculaires. Ils produiraient aussi plus de testostérone, à l'origine d'un comportement conjugal et paternel moins souple que les pères et époux aux bourses moins remplies.

Espérons que ces informations, couplées à nos remarques sur les petites bites (voir p. 18 à 22), serviront à décomplexer bon nombre d'entre nous, surtout, nous l'avons vu, les sportifs se rendant aux douches collectives. D'autant plus que l'activité physique intense est connue pour réduire toute notre quincaillerie à la portion congrue, juste après l'effort !

## La tuyauterie spermatique

Produire des spermatozoïdes est une chose, les conduire à bon port en est une autre. Dans le cadre de la reproduction, cette fonction de notre appareil génital consiste à les amener au plus près du col utérin, dans l'espoir qu'ils soient aspirés dans l'utérus et qu'un d'entre eux pénètre le Saint-Graal : l'ovule. Quel parcours, sinueux, semé d'embûches, siège de transformations, quelle magie aussi dans cette progression saccadée, guidée par on ne sait quel instinct ! Je regrette déjà d'appeler ces fins tuyaux d'une manière un peu triviale, la « tuyauterie ». Ils sont bien autre chose. En fait, par la diversité de forme et de longueur des différents segments, par les transformations qui s'y opèrent, ils rappellent plutôt le dédale d'un marais salant et l'alchimie qu'on y observe ; voilà qui est plus flatteur, mais la comparaison s'arrête là !

Suivez le guide, dessin à l'appui !

## *Au commencement est le testicule*

1 – C'est l'usine ! Le testicule est découpé en lobes qui contiennent des **tubes séminifères** (600 à 800), tirant leur nom de la propriété de leur paroi à produire des spermatozoïdes à partir des cellules-souches, les gonocytes.

2 – Ces tubes, au départ contournés, deviennent droits en fusionnant deux par deux, avant de se jeter dans un réseau dense de canaux, le ***rete testis***.

3 – Ces canaux, reliés les uns aux autres, sont collectés dans un seul canal pelotonné sur lui-même, situé au-dessus du testicule, l'**épididyme** ; une extraordinaire usine de maturation et de stockage, où les spermatozoïdes vont mettre plus de quinze jours à parcourir cet unique couloir de 5 à 6 m de longueur. Le temps, bien au chaud, d'acquérir leur maturité et leur pouvoir fécondant avant de se lancer dans la grande aventure. S'ils ne sont pas poussés

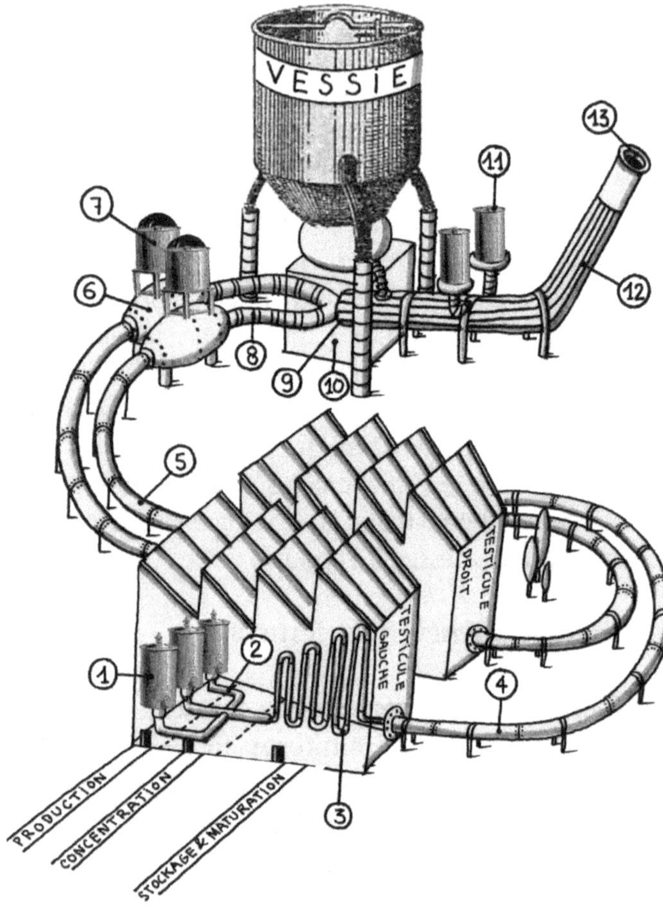


vers la sortie à la fin de cette période, maman épididyme est là pour les nourrir et préserver leur vitalité des mois durant. *A contrario*, on comprend qu'un départ trop rapide en campagne jette sur le champ de bataille des candidats peu matures et flageolants. C'est le cas de le dire quand on voit de quoi ils sont faits (tête, corps et flagelle) ! Pour l'instant, d'attaque ou non, ils sont toujours dans le testicule.

## *À la sortie de l'usine*

4 – Dès qu'ils sont expulsés de l'épididyme, ils cheminent dans un autre tube contenu dans le cordon dit « spermatique ». Nous reverrons ce cordon spermatique ! Il est en cause dans la torsion du testicule (voir p. 195). Il contient l'artère et la veine déférentielles, l'artère spermatique, des vaisseaux lymphatiques, des filets nerveux et la poursuite de notre canalisation : le **canal déférent**. Pas étonnant que la torsion du cordon spermatique, mettant en danger ces éléments, soit une vraie urgence chirurgicale !

5 – La paroi de ce canal est tapissée de cellules recouvertes de cils vibratiles, qui poussent aux fesses les spermatozoïdes et s'assurent qu'ils ne retournent pas à la maison. Il comporte plusieurs segments, individualisés par des adjectifs déférents – pardon, différents – suivant les zones qu'il traverse (funiculaire, inguinale, pelvienne, etc.). Peu importe.

6 – Juste avant d'atteindre la prostate, le canal déférent présente une légère dilatation appelée **ampoule déférentielle**. Le liquide qu'elle sécrète est jaunâtre et gélatineux.

7 – C'est à la base de cette ampoule que se jette la **vésicule séminale**, productrice du liquide du même nom, riche en fructose et nourricier pour des spermatozoïdes qui en ont bien besoin.

8 – Ampoule et vésicule fusionnent à l'entrée dans la prostate, formant le **canal éjaculateur**, lequel atteint l'urètre au centre de la prostate, une glande très adhérente à la vessie.

9 – Je ne résiste pas, pour la beauté des termes, à signaler que cet abouchement se fait au sommet d'un petit tubercule du nom de ***veru montanum*** ou *colliculus seminalis* (en anatomie, on se croirait parfois dans un *Guide du*

*routard*[1] !). Vous allez tomber de votre chaise ! C'est aussi à ce niveau que se trouve un malheureux petit sac, appelé l'**utricule prostatique**. Il s'agit d'un résidu non fonctionnel des canaux de Müller, à l'origine de la formation des voies génitales, chez le fœtus féminin. Ne soyez pas surpris si vous entendez parler un jour « d'utérus masculin », c'est de cet utricule qu'il est question. Rassurez-vous, il existe chez la femme des glandes (de Skene) qu'on appelle parfois « la prostate féminine ». D'autant plus qu'elle peut fabriquer un peu de PSA, mais j'empiète sur le chapitre « Satanée prostate ». J'en profite pour citer un deuxième vestige de ces canaux de Müller qui se trouve à la tête de l'épididyme, appelé **hydatide de Morgagni**, prenant la forme d'un bourgeon pédiculé ; rendez-vous au chapitre sur la torsion du testicule pour comprendre ce qui peut occasionnellement lui arriver.

## *Et le sperme, dans tout ça ?*

Question légitime ! En effet, du canal éjaculateur sortent dans l'urètre des spermatozoïdes baignés dans le liquide provenant de la vésicule séminale et de l'ampoule déférentielle, mais ce n'est pas tout à fait du sperme, ni en quantité ni surtout en qualité. Pour qu'il le devienne, il doit encore se mélanger à des sécrétions provenant de trois autres glandes.

1. C'est si vrai que certaines balades nous mènent dans une France à l'inspiration grivoise. Si nous nous sentons l'humeur badine, nous pouvons traverser ou faire une halte à Serqueux (76440), Saïx (81710), Gland (02400), Saint-Martin-de-Bienfaite-la-Cressonnière (14290), Montchenu (26350), Couilly-Pont-aux-Dames (77860), Triqueville (27500), Troubat (65370), Trouhaut (21440), Sept-Meules (76260), La Pisseure (70800), Pettonville (54120), Chilleurs-aux-Bois (45170), Vessey (50170), Montcuq (46800), Chatte (38160), L'Épine (85740), ou à La Queue-en-Brie (94510).

10 – La **prostate**. Elle mérite un chapitre à elle seule, auquel je vous renvoie. Gardons en tête qu'elle produit un quart du liquide spermatique qu'elle déverse dans l'urètre par l'intermédiaire de dizaines de **canaux excréteurs**.

11 – Et les deux **glandes de Cowper** (ou bulbo-urétrales). Situées sous la prostate, de part et d'autre de l'urètre, elles y secrètent le dernier apport à l'éjaculat, le liquide préséminal, un liquide un peu gélatineux, antiacide, faisant office de nettoyeur de l'urètre, facilitant le passage du sperme dans celui-ci et lubrifiant le vagin.

12 – Le trajet du sperme ainsi constitué vers l'extérieur emprunte un dernier tuyau, l'**urètre**, mais il faut des conditions particulières pour que cette expulsion ait lieu ; une grande secousse de tout le bas-ventre aboutissant à l'éjaculation au sommet du **gland** (13) ! Nous y reviendrons.

## Le spermatozoïde

Quand on pense au spermatozoïde, il est difficile de ne pas évoquer Woody Allen dans *Tout ce que vous avez toujours voulu savoir sur le sexe sans jamais oser le demander.* Et tentant de s'en rappeler quelques phrases cultes :

- Attention, tu marches sur ma queue.
- Érection à 48°, continuez à monter.
- Qu'est-ce que je fais là ? Ça doit êt' une e'eur !
- Quand je vois ce trou noir, j'ai le cœur qui lâche.
- Tout le monde à son poste, deuxième service.

Si toute la sexualité humaine était présentée de cette manière si drôle, on surmonterait bien des tabous, on serait plus enclins à connaître notre corps et on pourrait prendre ces « choses-là » au sérieux sans se prendre soi-même trop au sérieux.

Si spermato-Woody est bien muni de sa grande queue blanche, il a oublié que, en réalité, il n'était qu'une moitié d'homme (23Y) ou de femme (23X), destiné à rencontrer son autre moitié, 23X. Si le hasard ou la nécessité le décident ainsi !

Nous sommes des êtres dits diploïdes, possédant 23 paires de chromosomes, dont une paire de chromosomes sexuels. Si nous étions triploïdes, comme certaines huîtres d'élevage, je ne sais pas si nous pourrions nous reproduire ! Le spermatozoïde (ou gamète mâle) est un organisme unicellulaire dit « haploïde », c'est-à-dire ne contenant que la moitié des 22 paires de chromosomes du gène humain, plus un chromosome sexuel, X ou Y, dans une proportion proche de 50/50. L'ovule (ou ovocyte ou gamète femelle) qu'il féconde est lui aussi haploïde mais avec toujours un chromosome sexuel X. Leur fusion donne une cellule diploïde, appelée « zygote », futur fœtus mâle 46XY ou femelle 46XX.

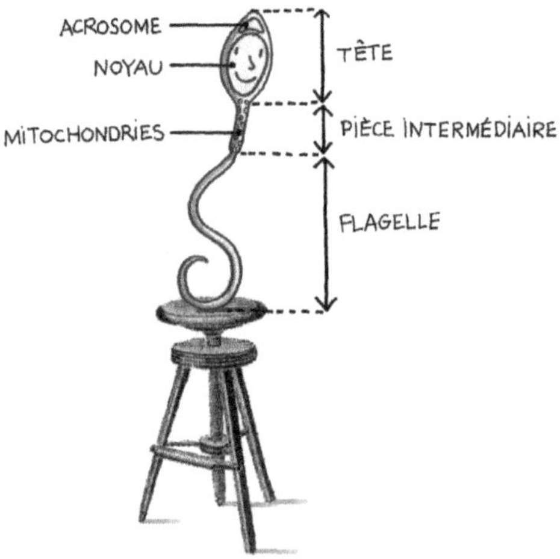

En effet, si le chromosome Y est déterminant du caractère mâle, c'est qu'il comporte le gène Sex-determining Region of Y chromosom (SRY) qui code une protéine, le facteur déterminant des testicules (FDT), qui, lui, est impliqué dans le développement des premières structures du testicule qui, elles, secrètent de la testostérone et l'hormone de régression müllérienne (HRM). C'est simple, non ?

Au-delà de cette singularité génétique, le spermatozoïde est aussi une cellule unique par sa forme. La **tête**, occupée par le **noyau** contenant les chromosomes, est une vraie foreuse, capable de tourner sur elle-même à 180°. Elle possède un équipement enzymatique, l'**acrosome**, et membranaire très sophistiqué, lui permettant, comme nous allons le voir, de pénétrer l'ovocyte et de s'y arrimer, avant de le féconder. Le **flagelle**, long d'environ 60 µm, a une mobilité extrême, assurée par l'énergie venant d'une sorte de moteur, les **mitochondries**, présentes dans la **pièce intermédiaire** du spermatozoïde. Cette pièce fait suite à la tête au niveau du collet du spermatozoïde. Au total, la longueur d'un spermatozoïde est de l'ordre de 70 µm, soit 0,075 mm (l'ovule a un diamètre de 140 µm).

## Le sperme : chronique d'une mort annoncée

Détailler plus haut la tuyauterie spermatique a permis de visualiser tout le trajet des spermatozoïdes, depuis les testicules jusqu'au méat urinaire. Il s'agit d'une description statique, une histoire de canaux, tubes, glandes et tuyaux ne relatant pas la dynamique d'un fluide, le sperme, dont l'émission est sporadique et sous l'influence de notre volonté... sauf quand il part tout seul. Car là, comme dans notre sexualité en général, c'est le cerveau qui commande. La sensation de l'imminence de l'éjaculation et l'éjaculation proprement dite obéissent à des influx nerveux que je détaille dans les chapitres sur l'érection et l'orgasme. Ce sont ces signaux nerveux qui donnent l'ordre à l'épididyme (souvenez-vous de ce dédale permettant la maturation des spermatozoïdes) de libérer son stock de vieux ou jeunes pensionnaires dans le canal déférent ; en fait, dans les deux canaux issus des deux testicules et d'une manière que l'on suppose synchrone. En même temps, les glandes de Cowper se gonflent de liquide préséminal. Après un bout de chemin assez linéaire (deux virages seulement), comparé au labyrinthe épididymaire, les spermatozoïdes plongent dans un bain nourricier, protecteur, lubrifié et armé pour lutter bientôt contre l'acidité du vagin : il est constitué du liquide séminal (de la glande du même nom), des sécrétions de l'ampoule du canal déférent, du liquide prostatique et des sécrétions déjà vues des deux glandes de Cowper. On peut alors parler de « sperme » ; il est stocké dans l'urètre prostatique, mais pour un temps souvent très limité. C'est la première phase de l'éjaculation, appelée « l'émission ».

La deuxième phase, dite « d'expulsion », s'enclenche en général aussitôt. Il faut en effet un effort mental très intense, à la limite de la douleur, pour retenir l'armée spermatique conquérante, à ce stade. Sinon, la contraction des muscles lisses de la prostate, puis les séquences de contraction-relâchement du sphincter strié de la prostate, rythmées par les muscles périnéaux, projettent, dans l'urètre, ce qui devient un éjaculat, et dans le nirvana son propriétaire.

Jaillissant du méat, chez l'adulte jeune, devenant de plus en plus paresseux avec l'âge, l'éjaculat est cette substance visqueuse, collante[1], blanchâtre, dont on peut disserter cent sept ans et sans intérêt, sur l'odeur et le goût. Il doit être un peu sucré, puisqu'il contient du fructose, nourrissant, car riche en protéines (dont la spermine), en vitamines et en minéraux. Que le sperme ait une valeur nutritive ne fait pas de doute : on y trouve à peu près tous les nutriments constitutifs d'une alimentation équilibrée. Mais d'ici à être nourrissant, c'est autre chose. En effet, il est fait d'eau à 95 %, le reste étant présent en quantité infime, le tout à raison d'une petite cuiller par éjaculation, pour un apport énergétique de 20 à 30 calories. Avalez tout ce que vous voulez si ça vous fait plaisir, compte tenu de quelques précautions élémentaires d'hygiène, et ne comptez pas dessus pour prendre du poids.

D'après les témoignages, son odeur un peu âcre varie d'un homme à l'autre, d'une alimentation à l'autre. Afin de prendre la défense des animaux et de la planète, nous dirons que le sperme des végans est beaucoup plus savoureux que celui des gauchos de la pampa nourris quotidiennement au steak de vache. Mais, n'ayant goûté ni à l'un ni à l'autre, je n'en suis pas sûr.

Il est plus intéressant de savoir que le premier éjaculat est de l'ordre de 3 à 4 ml, mais qu'il partage avec le venin de serpent le fait de ne pas pouvoir se régénérer très vite. Les éjaculations rapprochées (d'heure en heure) se tarissent vite en liquide et en spermatozoïdes. Il est utile de rappeler que le sperme peut véhiculer tous les germes sexuellement transmissibles (et que la capote n'a pas comme seule vertu d'être un contraceptif). Sa couleur, de blanc à jaune, dépend sans doute de sa concentration ou

1. Où l'on apprend qu'Alain Bombard, célèbre naufragé solitaire, colmatait les fuites de son Zodiac, *L'Hérétique*, avec son sperme ! À quoi tient la survie lors d'une traversée de l'Atlantique !

de l'alimentation du donneur ; ces variations ne devraient inquiéter que les hypocondriaques. En revanche, on doit se préoccuper d'une couleur rosée ou rouge qui peut être la conséquence d'un saignement, pas forcément grave, mais nécessitant une exploration diagnostique. À tout hasard, sachez que le curcuma peut le jaunir !

Les 40 à 80 millions de spermatozoïdes présents dans un éjaculat ont un avenir bien sombre et sont condamnés à disparaître ; vous savez où ! Dans une vie humaine, seuls quelques-uns des milliards de spermatozoïdes produits par nos testicules peuvent mélanger leur chromosome sexuel au chromosome sexuel d'un ovocyte ; une fécondation qui, de plus, n'a pas toutes les garanties d'arriver à terme. C'est dire le gâchis. Les scientifiques considèrent cette fécondation comme une véritable stratégie où la quantité prime sur la qualité ! Il faut réaliser que le microscopique spermatozoïde a un vaste terrain à explorer ; quelques millions d'aventuriers ne sont pas de trop face au labyrinthe qui les attend.

## *La quête du Graal*

Attardons-nous un instant sur l'extraordinaire parcours du seul spermatozoïde « rescapé » d'une fécondation réussie, et, pour plus de réalisme, imaginons celui à qui nous devons la vie. Il s'appelait X si vous êtes une femme, Y chez nous. Futur garçon ou fille, il possédait 23 chromosomes. Peut-être, comme moi, pensez-vous parfois à cet élu, sans lequel nous ne serions pas sur Terre si c'était son voisin qui avait franchi l'ultime barrière.

Mais trêve de nostalgie ; voici comment cela s'est passé. Si vous n'êtes pas un bébé-éprouvette, les séquences d'un rapport sexuel se sont succédé pour délivrer au fond du vagin de notre maman quelques dizaines de millions de futurs « nous » : désir, érection, pénétration, éjaculation, sans romantisme, énoncés de cette manière. En réalité, il ne s'agissait que de la moitié de chacun de « nous », lancée à la rencontre de son autre moitié. Ce jour-là, neuf mois avant notre naissance, un peu moins si nous sommes prématurés, des conditions favorables étaient réunies ; notre maman entrait dans une période féconde et le sperme de notre papa était « de qualité », ni trop récent ni trop âgé ; plus de 75 % de ses spermatozoïdes étaient vivants, plus de 30 % avaient une forme normale. D'emblée, pendant que nos géniteurs se remettaient de leurs émotions, la quasi-totalité de la troupe spermatozoïdienne, entraînée par son poids et la déclivité du vagin, disparut tels des hôtes non souhaités. Un massacre ! Pour les autres, la lutte pour la survie ne faisait que commencer. Notre mère étant en période d'ovulation, son taux d'œstrogènes avait grimpé, faisant subir une utile transformation au bouchon muqueux qui obstruait auparavant le col de son utérus. Devenu liquide et perméable, cet obstacle servait désormais de filtre, ne laissant passer que les candidats bien constitués ; nous en faisions partie.

Parmi les survivants, si une ou deux centaines de nos congénères parvinrent à franchir le col de l'utérus avec nous, ce fut le bout du monde. Rescapés, nous avions tous commencé à subir une modification fonctionnelle au contact des sécrétions vaginales : la capacitation. Grâce à ce processus bénéfique, nous étions devenus hyperactifs, notre tête dodelinant dans tous les sens tandis que notre queue devenait capable de se mouvoir à grands coups de fouet. Ainsi dopés, nous gagnâmes l'utérus, et là, que découvrîmes-nous, malgré l'obscurité totale ? Pas la grande mare où, nageurs infatigables, nous pensions remporter le trophée ! Non, des sortes de tubes utérins dans lesquels nous grimpâmes tant bien que mal, progressant de 12 à 14 cm avant d'atteindre une partie renflée à l'extrémité de la trompe de Fallope de notre maman ; un parcours représentant près de 2 000 fois notre taille ! Heureusement, nous nous sommes dirigés à droite, vers l'ovaire productif, ce mois-là. Au passage, nous venions de perdre la moitié de nos compagnons, partis à l'assaut de l'ovaire opposé. Arrivés à ce stade, ôtez-vous de l'esprit les récits picaresques où les spermatozoïdes, au coude à coude, ou plutôt au flagelle à flagelle, se livrent une lutte à mort afin de sortir vainqueur, seul à féconder la belle, elle-même rescapée d'un millier d'ovocytes produits chaque mois. Non : près du but, nous n'avons décidé de rien, nous laissant seulement guider par notre instinct vers les trompes utérines ! Vous connaissez ce jeu, « The Wall », où le candidat regarde avec angoisse la boule descendre et atteindre un tube au hasard ? Eh bien, déguisez le candidat en spermatozoïde et la boule en ovule ; vous aurez une bonne idée du mystère de notre sélection à titre d'heureux élu. Toutes les images d'Épinal sur le conquérant qui repousse farouchement ses concurrents avant de pénétrer seul la diva sont faites pour flatter nos ego de mâles. La vérité est que nous attendions sagement la star au pied de l'escalier en priant pour qu'elle nous choisisse. Et si personne n'avait été sélectionné dans cette première vague, il aurait fallu attendre que le prochain bataillon, en réserve un peu plus bas, veuille bien se présenter à son tour.

*Nous partîmes des millions,*
*Mais perdant les moins forts*
*Nous n'étions plus qu'une dizaine,*
*Arrivant à bon port.*

Ainsi, les troupes étaient décimées, mais nous étions toujours là, vaillants, entourés de quelques francs-tireurs aussi éberlués que nous d'être encore vivants. Nous percevions, toute proche, la présence de la reine d'un jour. Un épais bouclier s'est présenté à nous, une barrière de cellules, la ***corona radiata*** et la **zone pellucide** qui entourent l'ovule. Un vrai rempart ; n'entre pas qui veut ! Nous avions tous au-dessus de la tête un petit sac rempli d'enzymes forcément gloutons, l'**acrosome**, mais nous savions qu'il n'en resterait qu'un, le plus rapide d'entre nous, le plus motivé, le plus résolu à vivre. Ce fut vous, ce fut moi. Magie ! Nous possédions une minuscule protéine que nos découvreurs ont, depuis, appelée « Izumo », du nom d'un temple japonais dédié aux divinités du mariage. Izumo s'est-il souvenu de la rencontre de nos parents, jadis ? Toujours est-il qu'il a trouvé sa moitié, Juno, du nom de la déesse de la fertilité, à la surface de l'ovule convoité. Les deux protéines se sont aussitôt accouplées. Spermatozoïde et ovule venaient de se trouver compatibles ! Alors, notre sac acrosomial s'est rompu (**A**), libérant de puissantes enzymes, hyaluronidase et acrosine, qui se sont aussitôt attaquées à la *corona radiata* et à l'épaisse zone pellucide de l'ovule, jusqu'à les perforer, nous entraînant dans l'**espace périvitellin**, la dernière zone avant la plongée dans l'inconnu. Subitement, le rempart s'est refermé, interdisant toute autre pénétration de son espace vitellin et vital, tandis que, désormais seul, tel un module rejoignant la Station spatiale internationale, nous nous arrimions à la surface de l'ovule (**B**), avant de nous immiscer dans son intimité (son **cytoplasme**), de perdre notre flagelle, et de féconder (**C**) son **noyau**, l'autre moitié de ce que nous allions devenir.

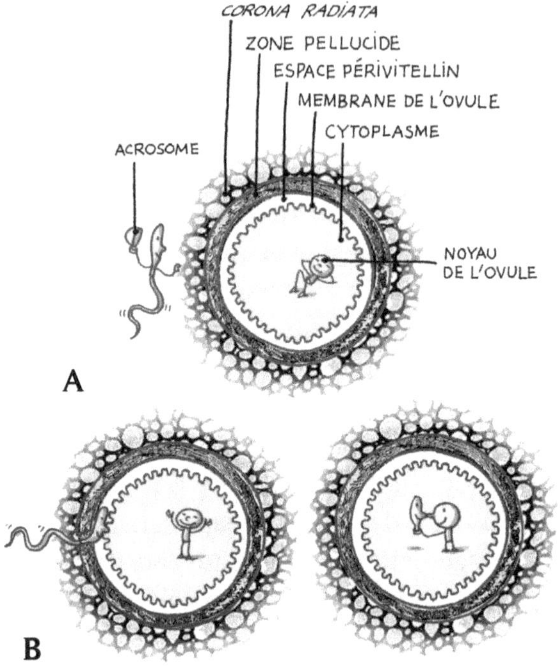


La fécondation se termina par la fusion des deux noyaux du spermatozoïde et de l'ovule pour donner une cellule unique appelée pour l'instant « zygote », avant de porter notre prénom neuf mois plus tard. Elle-même se divisa rapidement en deux, puis en quatre, jusqu'à aboutir aux 10 000 milliards de cellules estimées dont nous sommes constitués aujourd'hui.

Composition moyenne du sperme normal

– 3 à 4 ml par éjaculat (quatre fractions : prééjaculatoire, préliminaire, principale et terminale)

– Spermatozoïdes :

  • 40 à 80 millions (> 15 millions par ml)

• Plus de 75 % des spermatozoïdes sont vivants
• Plus de 30 % des spermatozoïdes ont une forme normale
• Nombreux sont anormaux ou immatures

- Liquide spermatique ou séminal
  • Sa consommation par voie orale apporte 20 à 30 calories (par éjaculat)
  • Il provient, dans l'ordre d'émission, de l'épididyme (10-20 %), des vésicules séminales (40-60 %), de la prostate (20-40 %), des glandes de Cowper (5 %), et, de manière anecdotique, des glandes de Littré
  • Il contient
    - De la vitamine C et B 12, des oligo-éléments
    - De la testostérone
    - Du fructose, de l'acide ascorbique
    - Des protéines, du cholestérol, des enzymes
    - Des cellules lymphocytaires
  • Son pH est entre 7,2 et 8 (alcalin)
  • Rôle
    - Nourrit les spermatozoïdes
    - Active la mobilité des spermatozoïdes
    - Lutte contre l'acidité du vagin
    - Lubrifie le prépuce
    - Coagule le sperme arrivé au niveau du col de l'utérus, et le liquéfie ensuite grâce au PSA (Prostate Specific Antigen), après 15 à 20 minutes
    - Participe à la liquéfaction du bouchon muqueux du col de l'utérus
    - Inhibe les réactions immunitaires du vagin
    - Stimule le péristaltisme des trompes utérines

## *Le spermogramme*

On sait que, sur les quelques dizaines de millions de spermatozoïdes présents dans chaque éjaculat, certains sont anormaux, non fécondants, n'ayant par ailleurs aucune chance d'aboutir à l'ovule. La « normalité » est appréciée lors d'un examen microscopique en calculant le rapport de taille entre la tête et le flagelle. Il suffit parfois de 30 à 40 % de spermatozoïdes normaux pour qu'une fécondation ait lieu ; lors d'un spermogramme, l'examen macroscopique et microscopique de l'éjaculat, fait lors d'un prélèvement par masturbation, après plusieurs jours sans éjaculation, révèle souvent une multitude de malformations, classées en une quinzaine de catégories touchant tête, collet et flagelle. Que l'on se rassure, la présence de ces anomalies n'a pas d'incidence sur la conception de l'enfant, les spermatozoïdes concernés n'atteignant pas l'ovule, ou ne le fécondant pas, ou étant responsables de fausses couches très précoces passant souvent inaperçues. Cela n'exclut pas qu'un spermatozoïde présentant des anomalies chromosomiques puisse être lui, fécondant.

## *Vous êtes ici dans une banque. Si vous y déposez des fonds, vous êtes priés de ne pas laisser de monnaie sur le comptoir*

Les premières banques du sperme ont ouvert aux USA et au Japon, il y a plus de cinquante ans. En France, les dons de sperme se font dans des centres publics régis par le CECOS (Centre d'étude et de conservation des œufs et du sperme humains – fondé à l'hôpital Necker en 1973). Ce don se fait après un bilan de santé du donneur très rigoureux ; il ne doit présenter ni maladie génétique ni maladie infectieuse. Les CECOS sont présents dans vingt-trois centres hospitalo-universitaires et dirigés par des équipes pluridisciplinaires, garantes à la fois de la confidentialité et de la gestion des dons, de la conservation cryobiologique hautement spécialisée des ovules, du sperme et des embryons, d'un conseil médical, éthique, d'un accompagnement et d'un soutien auprès des donneurs et des receveurs.

## *A sperm-driven micromotor !*

Quelle idée ! Des chercheurs de l'Institut de recherche sur l'état solide et les matériaux, à Dresde, ont mis à contribution les caractéristiques du spermatozoïde, sans équivalent parmi les autres cellules humaines, pour le transformer en porteur (*sperm-driven*) et délivreur (*micromotor*) de chimiothérapie dans les cancers du tractus génital féminin. Il était logique d'imaginer que des spermatozoïdes, capables de pénétrer à l'intérieur d'un ovocyte, puissent franchir le « mur » tumoral grâce à l'appareil enzymatique dont ils disposent. Rappelez-vous la fameuse réaction acrosomique. Encore fallait-il qu'ils soient guidés vers ces cellules, tout en ignorant les cellules saines, et équipés des traitements adaptés. Cette difficulté a été surmontée grâce à un judicieux système électromagnétique permettant aux spermatozoïdes de cibler les cellules cancéreuses, à la différence d'une chimiothérapie classique. La très bonne tolérance de ce mode d'administration tient au fait que le principe actif dont sont porteurs les spermatozoïdes (sur une sorte de « sac à dos ») n'est délivré qu'à l'intérieur de la cellule malade, préservant ainsi le milieu environnant des effets délétères. Les premiers essais, des expérimentations *in vitro*, ont été réalisés avec une molécule anticancéreuse, la doxorubicine. Les résultats expérimentaux sont très prometteurs, demandant à être confirmés chez la femme, et laissant penser que d'autres pathologies que le cancer, l'endométriose ou les grossesses ectopiques, seront un jour réactives à cette biotechnologie.

Découverts en 1678 par le Hollandais Antoni van Leeuwenhoek (1632-1723), les spermatozoïdes ont longtemps été considérés comme des animalcules parasites de ce que l'on appelait le « semen », à l'époque. C'est en 1876 qu'un certain Oscar Hertwig (1849-1922) découvrit le rôle de la pénétration du spermatozoïde dans l'ovule et la fusion de leurs deux noyaux.

## Satanée prostate

On en fait grand cas dans l'univers masculin, au point d'alimenter des expressions populaires ; ce n'est pourtant qu'une petite glande, de forme pyramidale, inversée tête en bas de la base à l'apex, d'à peine 20 g chez l'adulte pour une taille de 3 cm de hauteur sur 2 cm de largeur. Elle a deux fonctions principales, la production d'un quart du liquide spermatique et l'expulsion de celui-ci lors de l'éjaculation. Paradoxalement, c'est quand ces fonctions n'ont plus guère d'utilité que la prostate pose le plus de problèmes ! Au chapitre des pathologies, nous verrons pourquoi elle nous préoccupe tant ; si l'homme de plus de 50 ans, qui ne connaît pas le lourd fardeau de la ménopause, a tendance à se regarder beaucoup la prostate, histoire de revendiquer lui aussi une andropause qui le travaille, il n'en reste pas moins que cette glande est le siège d'affections dont le traitement est à l'origine de certaines angoisses, car il est non sans risque et peu consensuel.

Commençons par le commencement, c'est-à-dire par décrire la prostate et expliquer son fonctionnement. Nous allons voir les rapports anatomiques très étroits qu'elle entretient avec l'urètre, expliquant le retentissement urinaire de presque toutes les pathologies de cette glande. Elle est bien protégée, située derrière le pubis, au-dessus du périnée et en arrière du rectum. Donc accessible au doigt, l'index de préférence, si vous voyez ce que je veux dire ! Sa surface, élargie à la partie supérieure, est plaquée sous la vessie, à l'endroit même où sort l'urètre. C'est là qu'il pénètre la prostate, prenant le nom d'urètre… prostatique ; logique ! Si vous avez lu le chapitre « Tuyauterie », vous savez que c'est au centre de la prostate que l'urètre reçoit les deux canaux éjaculateurs et l'utricule prostatique, au sommet du *veru montanum* ou *colliculus seminalis*. C'est à ce niveau que l'urètre se coude vers l'avant en un angle d'environ 140°.

Je vous en fais une description détaillée. Elle ne vous servira guère dans les conversations mondaines, mais si vous la lisez attentivement, dessin à l'appui, vous en saurez vite plus que votre médecin généraliste ; on a les petits plaisirs qu'on peut ! Plus sérieusement, vous verrez plus loin que l'anatomie de la prostate permet de mieux comprendre les pathologies et leur possible retentissement sur la sexualité et les organes proches, l'urètre en particulier. Enfin, quelque chose a excité ma curiosité, et je tiens à vous le faire partager. Pour autant que je m'en souvienne, et je suis passionné par l'anatomie, je ne connais pas de description d'un organe, petit de surcroît, qui ait prêté à autant d'interprétations aussi sensiblement différentes. De quoi être vite embrouillé ! En définitive, je me base sur le modèle qui fait encore autorité, celui de McLean, décrit en 1968.

## *Que nous apprend McLean ?*

Coupons transversalement la prostate de la base à l'apex. La prostate n'est pas cylindrique, et toutes les coupes verticales ne sont pas homogènes. Selon McLean, cinq zones sont identifiables. À l'exception d'une zone exclusivement fibro-musculaire, elles sont toutes constituées d'un tissu fait de muscles lisses (nécessaires quand on sait l'effort de contraction pour l'éjaculation) et de glandes, productrices du liquide prostatique.

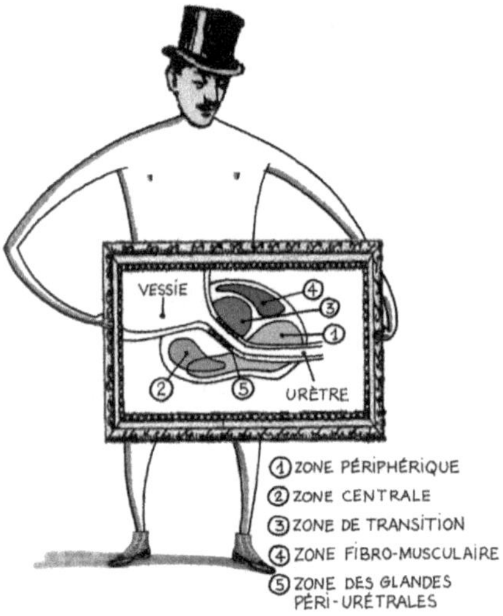


Il existe deux zones principales, par le volume qu'elles représentent :

– Une importante **zone périphérique (1)**, postérieure, s'étend de la base, collée à la vessie, à l'apex. Elle représente 70 % de la masse totale de la glande. Parcourue par un sillon médian, c'est la zone que l'on sent au toucher rectal. C'est aussi le siège le plus fréquent des cancers (70 %). Les nerfs de l'érection cheminent à sa surface ; on comprend mieux pourquoi la résection de cette zone a très souvent une incidence sur l'érection et l'éjaculation des patients. J'en reparle au chapitre consacré au cancer de la prostate.

– Une **zone centrale (2)**, composée de tissu dense (stroma), participant au quart de la masse de la prostate. Elle entoure les canaux éjaculateurs. C'est la zone aux dépens de laquelle se développent les adénomes, plus rarement les cancers (10 %).

Trois autres zones ne représentent guère plus de 5 % du volume total de la glande.

– Une **zone de transition (3)**, entourant la première partie de l'urètre prostatique. Elle est en contact avec sa lumière par l'intermédiaire de nombreux canaux excréteurs qui reçoivent le liquide prostatique provenant des tissus glandulaires.

– Une **zone fibro-musculaire (4)** antérieure, riche en muscles lisses, dépourvue de tissu glandulaire. Elle participe à l'éjaculation.

– McLean considère que des **glandes péri-urétrales (5)**, toutefois d'un volume infime, correspondent à une cinquième zone.

Complétons la description anatomique ; cette partie est plus consensuelle.

– Une fine **capsule** protectrice fibro-musculaire entoure toute la prostate.

– Le **sphincter lisse urétral** (ou vésical) est situé à la sortie de la vessie. Il entoure le départ de l'urètre prostatique jusqu'au *veru montanum*. Lors de l'éjaculation, il se ferme, évitant la remontée du sperme dans la vessie, ce qu'on appelle l'éjaculation rétrograde. En réalité, en temps normal, il ne se relâche que volontairement pour laisser passer l'urine contenue dans la vessie. Sauf en cas d'incontinence urinaire !

– Un deuxième anneau, le **sphincter intrinsèque de l'urètre**, coiffe ce dernier à son émergence à l'apex de la prostate.

## *Sécrétions, vaisseaux et nerfs*

Participant au volume du sperme à hauteur de 20 à 30 %, le liquide spermatique, sécrété par la prostate, protège les spermatozoïdes, empêche la coagulation du sperme et neutralise l'acidité du vagin, une fois sur place. Il contient des protéines dont le fameux PSA (Prostate Specific Antigen) ; il faudra que les scientifiques se mettent un jour d'accord sur l'intérêt de son dosage sanguin dans le diagnostic individuel, le dépistage de masse et le suivi des cancers de la prostate. Ce n'est pas le cas aujourd'hui. On est un peu plus sûr de son rôle dans la facilitation du déplacement des spermatozoïdes et la dissolution partielle du bouchon muqueux obstruant le col vésical. Mais je reviendrai sur ce PSA, là aussi au chapitre sur le cancer de la prostate. Je ne peux pas vous laisser avec une telle incertitude !

La prostate est très sensible à l'action d'hormones circulantes (dans le sang), en particulier la testostérone (voir p. 65), mais aussi l'œstradiol, la prolactine ou l'insuline (sans parler de l'hormone lutéinisante LH ni de l'hormone folliculostimulante FSH, mais je ne veux pas vous perdre !).

Elle possède une vascularisation et une innervation riches qu'elle partage avec les corps érectiles du pénis. Elle est donc intimement liée aux mécanismes vasculaires et nerveux de l'érection et de l'éjaculation, et aux maladies qui les touchent. La remarque vaut pour l'urètre dont on a vu le lien avec la prostate ; c'est pourquoi la prostate est souvent impliquée dans les pathologies du bas appareil urinaire. Ces rapports étroits avec les tissus érectiles, d'une part, et l'appareil urinaire, d'autre part, expliquent la difficulté d'exérèse ou simplement de biopsie de la prostate dont les indications doivent être minutieusement soupesées. La sanction d'interventions injustifiées ou mal menées peut aller jusqu'à une impuissance et une incontinence très délicates à corriger.

Rendez-vous au chapitre « J'ai la prostate ! Ou pas ! »

## Le pubis

Le pubis a droit de cité dans ces pages, le pubis étant le rempart osseux aux organes génitaux profonds, la prostate en particulier. Il s'agit en fait de la fusion, au niveau de la symphyse pubienne, de deux os, fermant le bassin en avant, et solidaires des os iliaques. Ils sont le lieu d'attache de puissants muscles, les muscles abdominaux (les tablettes de chocolat, puisqu'on parle essentiellement des sportifs), un muscle du bassin, le psoas, et des muscles de la cuisse, les adducteurs. Qui dit muscles dit tendons, qui dit tendons dit tendinites, qui dit gros tendons dit tendinites très douloureuses ! À ce niveau, elles prennent le nom de pubalgie.

Rappelez-vous : 1983, Yannick Noah gagne Roland-Garros. L'année suivante, il abandonne la compétition, victime d'une pubalgie ! Je ne trahis pas le secret médical, c'était dans tous les journaux.

## L'urètre, pas plus

Cet ouvrage n'étant pas un traité d'urologie, je me limite à décrire l'urètre, ce fin conduit qui part de la base de la vessie et va jusqu'au méat urinaire, à l'extrémité du pénis. Pour mémoire, l'appareil urinaire est composé des deux reins, des deux uretères, de la vessie et de l'urètre (parfois orthographié « urèthre »). C'est par l'urètre que s'évacuent l'urine et le sperme. Plus haut, j'ai tout dit de sa traversée et de sa sortie de la prostate, je n'y reviens pas. Restent à voir deux segments, l'urètre membraneux et l'urètre spongieux, une bonne quinzaine de centimètres à eux deux (3 à 4 cm chez la femme), présentant deux coudes (en S inversé) et traversant le pénis. Le premier segment est très court, pas plus de 2 cm, entièrement entouré d'un sphincter externe strié et longé par les canaux des glandes de Cowper (voir « La tuyauterie spermatique », p. 40). Il se prolonge par le deuxième segment, dit spongieux, car il traverse le corps du même nom. C'est à ce niveau que débouchent les canaux des glandes de Littré, situées de chaque côté de l'urètre pénien et sécrétant du mucus lubrifiant l'urètre. Le méat urétral est l'orifice au niveau du gland. Nous avons d'autres méats dans l'organisme, au niveau auditif en particulier.

En clôture de ce chapitre, je vous épargne les jeux de mots faciles sur la rétention urinaire aiguë, quand le *mea culpa*, et sur son traitement, quand le médecin peut s'exclamer : « Miction accomplie ! »

## « LA » testostérone !

Depuis la nuit des temps, pour le meilleur et pour le pire, la testostérone mène le monde, un monde d'hommes où trop de femmes sont assujetties. Elle est responsable de notre force musculaire, supérieure à celle des femmes, de notre agressivité, dès qu'elle dépasse un taux normal, et probablement de notre amour du pouvoir, de la vitesse et de la domination. Apparemment, nous n'y pouvons rien ; la nature nous a faits comme ça, et l'on ne va pas mettre la moitié de l'humanité sous traitement antitestostérone. Et pour quoi faire ? En réalité, la meilleure façon de juguler ce comportement et de vivre en harmonie avec l'autre moitié de l'humanité s'appelle la conscience, la volonté, l'amour et la connaissance. En ce qui concerne cette dernière, poursuivons sur notre lancée, ce chapitre réserve bien des surprises.

Savez-vous, par exemple, que seule une part infime, 2 %, de notre production quotidienne de testostérone est efficace ? Comment est-ce possible, n'est-ce pas ? Par commodité, on met la testostérone à toutes les sauces (et je n'y échappe pas dans ce chapitre), mais en réalité elle est en grande partie liée dans le sang à des protéines qui la rendent inactive, la confinant à une forme de réserve, une prohormone augmentant avec l'âge. L'andropause, que nous verrons plus loin, en est la démonstration. La fraction libre et efficace est, elle, en partie, transformée en dihydrotestostérone (DHT ou androstanolone) active sur les organes sexuels secondaires, la croissance prostatique, l'humeur, la sexualité, et en œstradiol actif sur la masse osseuse, le système cardio-vasculaire, le développement des seins ou de l'obésité abdominale. Plus on est gras, moins on a de testostérone active ! Autre remise en cause : la testostérone n'est pas la seule hormone sexuelle et virilisante. Elle fait partie des hormones androgènes (ou androgènes tout court), mieux connues sous le nom de « stéroïdes anabolisants », surtout chez les adeptes de la gonflette. Cerise sur le gâteau : on a vu que, sécrétée en grande partie (95 %) par les testicules et un peu par deux petites glandes situées au-dessus des reins (les surrénales !), la testostérone reste, selon la formule, l'hormone mâle par excellence. Eh bien, l'affirmation mérite un grand bémol, car on aurait tort de penser qu'elle est une hormone exclusivement masculine. Juste retour des choses, nous sécrétons nos propres œstrogène et progestérone, dont on ne peut pas dire qu'elles soient des hormones très masculines. Quant aux ovaires, et aux glandes surrénales, chez la femme bien sûr, elles sécrètent de la testostérone, dans une faible proportion, certes, mais suffisamment pour renforcer le développement osseux et musculaire, du cœur en particulier, et sans doute stimuler la mémoire et la libido féminines. À la ménopause, son effondrement, comme celui des autres hormones féminines, fragilise le tissu osseux, avec le risque d'ostéoporose que cela comporte, et contribue à la fonte musculaire, touchant en priorité le cœur et les membres supérieurs. La peau qui pend sous les bras de nos mémés en est une bonne illustration. Notre andropause (voir p. 142) n'est pas plus réjouissante.

## *L'hormone mâle… par excellence ?*

Restons sur notre sujet : l'homme. Ou plutôt le fœtus mâle qui ne sait pas encore qu'il va en devenir un. Il possède un atout majeur : depuis la fécondation, la rencontre *in utero* d'un spermatozoïde et d'un ovule, il est déjà un individu de sexe génétique XY, donc mâle. L'appareil génital est commun aux deux sexes jusqu'à la douzième semaine de vie. Jusqu'à cet âge, il existe deux types de gonades et deux types de canaux, ceux de Wolff (Caspar Friedrich Wolff, 1734-1794, physiologiste allemand, fondateur de l'embryologie !) et ceux de Müller (Johannes Peter Müller, 1801-1858, anatomiste allemand). Les gonades se différencient en premier et deviennent des ovaires si le sexe génétique est XX. Elles se transforment en testicules s'il est XY. Puis les canaux de Müller se transforment en voies génitales féminines, ceux de Wolff en celles de l'homme. Ces bouleversements intervenant à la douzième semaine du développement fœtal, voilà pourquoi les couples impatients peuvent s'assurer du sexe de leur enfant, grâce à l'échographie, à la fin du troisième mois de grossesse.

Chez nous, deux hormones, sécrétées par les testicules, procèdent à cette transformation, la testostérone provenant des cellules de Leydig (Franz von Leydig, 1821-1908, philosophe, zoologiste, botaniste et anatomiste allemand) et l'hormone de régression müllérienne (HRM) produite par les cellules de Sertoli (Enrico Sertoli, 1842-1910, histologiste et physiologiste italien).

Franchissons allégrement une décennie pendant lesquelles les caractères sexuels de l'enfant grossissent un peu, sont différenciés mais non fonctionnels. Le jeune garçon est à peine entré dans sa dixième année (c'est une moyenne) qu'un lent processus au sein de ce qu'on appelle l'axe gonadotrope (hypothalamus → hypophyse → testicules) se met en place. Il dure un an ou deux et aboutit à une tempête hormonale, la puberté, où la testostérone est en première ligne. Cette étape charnière de notre vie mérite qu'on s'y arrête ; j'y consacre un chapitre. À voir la somme de changements qui interviennent dans notre organisme pendant ces trois à quatre années, on comprend que l'adolescent ne sera plus jamais le même enfant. Si on peut dire !

Quittons donc cet adolescent et intéressons-nous à l'adulte qu'il est devenu, équipé d'un appareil génital de taille définitive et de caractères sexuels secondaires formés : une voix grave, une pilosité généreuse, une charpente osseuse solide, une musculature développée, contemporaines d'une sexualité naissante et bouillonnante. Tout cela est affaire de testostérone mais aussi de génétique, car toutes les pilosités ne sont pas foisonnantes, toutes les voix ne sont pas des basses, toutes les musculatures ne sont pas saillantes, et toutes les sexualités ne sont pas euphoriques. Désormais, la testostérone, fluctuante, accompagne notre vie d'homme. Elle est sécrétée en continu et agit de jour comme de nuit à plusieurs niveaux, avec un pic le matin. Pour y voir clair, examinons trois cas de figure : les effets de sa sécrétion quotidienne, les excès d'une surproduction inopinée et les méfaits de sa diminution avec l'âge. Nous terminerons par les facteurs extérieurs influençant la sécrétion de testostérone. Une raison à cette revue : l'étude de notre comportement lors des diminutions ou au contraire des augmentations de testostérone, constitutives ou fonctionnelles, nous renseigne sur le déclenchement cérébral de sa production et son retentissement sur l'organisme.

## *Au quotidien*

Cette production n'est pas constante. Elle varie d'une manière physiologique au cours de la journée, plus importante le matin à la suite d'une régénération en fin de nuit. Notre humeur, notre dynamisme, notre libido s'en ressentent, au maximum en début de matinée. Qu'une érection, spontanée ou non, s'en mêle et qu'elle soit mise à profit, et la journée a des chances de bien commencer. Au cours de cette journée et pendant la période de notre vie où son taux est stable, la testostérone maintient notre corps dans la virilité rassurante (pas toujours !) de nos caractères sexuels secondaires, acquis à la fin de la puberté. De nombreux organes sont concernés. La peau, un peu épaisse et grasse, garde son aspect rugueux, strié. Les poils, les cheveux et la barbe poussent en continu. Les os se chargent en minéraux, nous protégeant ainsi de l'ostéoporose. D'une manière générale, elle intervient dans le métabolisme du glucose en réduisant la sensibilité à l'insuline, et dans la régulation du cholestérol (total, HDL, le « bon cholestérol » et LDL, le « mauvais ») et des triglycérides. En clair, elle réduit la graisse abdominale et prévient la formation d'athérome (graisse tapissant les parois artérielles), donc les accidents cardio-vasculaires et vasculo-cérébraux. Facteur puissant de synthèse protéique au niveau musculaire, elle participe à son tonus et, pour notre plus grand bénéfice, elle a un tropisme particulier pour le muscle cardiaque, qu'elle rend plus efficace et plus endurant. Est-il nécessaire de rappeler qu'elle est indispensable à la fabrication des spermatozoïdes, appelée « spermatogénèse », et à leur maturation ? Et à la fabrication des globules rouges, des hématies essentielles à la fourniture en oxygène, donc en énergie, à tous les organes, en particulier au cerveau ? Merveilleuse hormone, n'est-ce pas !

Quoique ! Ce serait le cas si elle restait à un taux constant et si nous comprenions bien son action au niveau de notre cerveau, mais c'est là qu'elle est la plus difficile à cerner. Pour essayer de comprendre un peu mieux, revenons sur le déclenchement de la sécrétion testiculaire.

Elle est le fait d'une stimulation venant d'une zone du cortex cérébral, l'hypothalamus, puis d'une glande, l'hypophyse, sécrétant l'hormone lutéinisante (LH) et l'hormone folliculo-stimulante (FSH). Libérée dans le sang, la testostérone se décompose en métabolites actifs et retourne en partie au cerveau où elle rétrocontrôle sa sécrétion et stimule à son tour de nombreuses zones impliquées dans notre comportement. Que se passe-t-il alors ? Il s'agit d'un domaine de recherche en pleine évolution tant il est complexe et soumis à des influences diverses où la part de la testostérone n'est pas facile à apprécier. Il faut remonter aux origines de l'homme. Comment cette hormone a-t-elle modelé notre cerveau depuis la nuit des temps et comment continue-t-elle à le faire, à chaque grossesse, dès que le sexe du fœtus se différencie ? Immense question sans réponse claire. Nous en sommes souvent réduits à l'observation. Le mâle australopithèque avait un comportement d'explorateur, chasseur ou cueilleur alors que sa femelle s'attelait à des tâches plus sédentaires, monopolisée par la surveillance de leur progéniture. Trois millions d'années plus tard, chez les garçons et filles, dès la crèche, il subsiste « quelque chose » de ces comportements. Ce « quelque chose », hormono-dépendant et qui n'est peut-être pas que génétique, signe notre différence et n'a pas fini de nous interroger. Les scientifiques sont prudents, mais attribuent néanmoins à la testostérone une grande part de responsabilité dans notre joie de vivre, notre tonus général, notre désir et notre capacité à nous orienter dans l'espace (voir chapitre sur les positions de l'amour, « Prenons position », p. 118). Et s'il est sûr qu'elle fait de nous des hommes et qu'elle révèle la part de masculinité des femmes, il n'est pas moins évident qu'elle fait aussi de nous des « mâles », quand son taux bondit dans notre organisme, avec ce que cela sous-entend de force brutale, de violence, d'agressivité, de bêtise et de sentiment de supériorité. Que le terme « gourdin », en argot, désigne un membre en érection n'est pas le fruit du hasard ! Voyons un des effets d'un excès de testostérone dans les lignes qui suivent.

## *Une surproduction inopinée*

Pour illustrer les conséquences d'une décharge brutale de testostérone, rendons-nous dans la tribune d'un stade et observons ce qui se passe dans l'organisme d'un supporter ultra, au moment où son équipe de foot remporte la victoire après le dernier tir, à l'épreuve des penaltys. Le déclenchement d'un sentiment de puissance extrême (il pense que c'est lui qui a marqué le but et gagné le match !) donne l'ordre immédiat à son cerveau, *via* l'hypophyse, de libérer toute la testostérone disponible. La dopamine et la sérotonine, puissants antidépresseurs, font partie du lot, d'où l'euphorie incontrôlable. Sur l'ordre descendant de ses deux hémisphères cérébraux, les testicules de notre garçon entrent en ébullition, sans qu'il s'en rende compte. Un vrai tsunami de testostérone inonde alors tous ses organes. En premier lieu, elle gagne certaines aires cérébrales ; celles-ci, par un mécanisme complexe mais instantané, le projettent au comble du bonheur ; il aime soudain la terre entière et surtout les supporters qui l'entourent, se jetant dans leur bras pour des embrassades viriles. Dans sa vie, à part l'orgasme, et encore, ce n'est pas sûr, il ne connaît pas d'émotions aussi fortes, au point qu'une érection n'est pas exclue. Comme dans tout raz de marée, sa testostérone reflue un instant – on sait qu'elle arrive par saccades –, offrant un répit à notre supporter qui commence à ne plus savoir sur quelle planète il vit. Répit de courte durée. Une sixième bière lui émoustille les cellules de Leydig (révisez !). La deuxième vague hormonale arrive alors, plus terrible encore, à l'unisson de toute la tribune. L'euphorie est à son comble, quand, soudain, notre ultra sent qu'un instinct bestial se réveille en lui (peut-être dans son système limbique et les aires de Broca du cerveau, mais peu importe) ; un besoin urgent de violence qu'il ne peut contenir. Australopithèque, on vous dit ! Ça tombe bien, une centaine de ses voisins sont dans le même état. La testostérone de notre cobaye a gagné ses muscles, renforçant leur tonus, au point que la batte de base-ball semble ne plus rien peser. La présence des CRS provoque l'effet inverse de celui attendu : la vue de visages ennemis lui fait du bien en lui titillant l'hypophyse : à sa testostérone se joint une bonne décharge d'adrénaline. Bon, ça, pour augmenter les réflexes, stimuler les sens et courir plus vite que d'habitude alors que la brigade des cogne-dur se met à charger, elle aussi pas mal testostéronnée. J'oubliais la sécrétion du cortisol, de l'énergie en barre, et l'augmentation des globules rouges, cette EPO de la baston, oxygénant les muscles et, pour une fois, le cerveau de notre cobaye. Le grand foutoir se déclenche. Il va durer le temps que toutes les hormones de tous les combattants, supporters et CRS, s'épuisent après avoir saturé leurs récepteurs (pas radio, neuronaux). Tout a une fin ; le cortisol, puis les endorphines, ces opiacés fabriqués par notre usine interne, ont assuré un dernier relais euphorisant à notre supporter. Qui, pour le coup, rit bêtement. Cette morphine du pauvre a malheureusement renforcé son addiction à l'échauffourée footballistique. Il est 2 heures du matin ; il traîne, un peu hagard, « *post bagarrum, animal triste* », il n'a plus une hormone vaillante, il faudra attendre une bonne semaine avant que le stock complet se reconstitue. Heureusement, le match retour n'est pas avant dimanche prochain !

## *Une diminution inéluctable*

C'est au chapitre « L'andropause » (p. 142) que je traite en détail cette chronique d'une lente descente sans retour ; le chemin inverse et un peu désespérant de tous les bénéfices sur l'organisme engendrés par la circulation de testostérone. À partir de 40 ans et du fléchissement de sa sécrétion testiculaire, tout y passe, heureusement pas simultanément ni d'une façon brutale. Mais tous seront touchés, muscles, os, organes génitaux, pilosité et, d'une manière générale, la sexualité, la fertilité, le sommeil ou la mémoire. Si nous sommes chanceux et s'il ne s'agit que d'une diminution lente et progressive de toutes nos performances, il reste à nous accommoder d'un train de vie plus tranquille, d'activités physiques moins intenses, d'une sexualité plus tranquille, attentive à l'autre, et d'une calvitie naissante qui peut avoir un certain charme.

## *Les facteurs extérieurs*

Certains facteurs endogènes peuvent avoir une influence sur la diminution de testostérone circulante. Il s'agit essentiellement de l'âge, du manque de sommeil, du surpoids, de l'hypertension artérielle, des atteintes neurologiques, et de bon nombre de troubles psychiques ou psychiatriques. Bref, il s'agit d'un vaste domaine d'exploration qui relève des spécialistes de chacune de ces fonctions, à l'appui de dosages de la testostérone, de ses métabolites et des hormones apparentées. Cela sort de mon propos ; il en va autrement des facteurs extérieurs et de tout ce qui s'apparente à une mauvaise hygiène de vie. L'alimentation trop protéinée, l'excès de sucre et l'obésité entraînent une baisse de testostérone, de même que la consommation d'alcool. Paradoxalement, au cours d'un état d'ébriété, l'agressivité peut s'expliquer par un pic de testostérone. Même remarque pour le sport, bénéfique à dose raisonnable, mais pas en cas de surentraînement. Le pire étant la prise de stéroïdes anabolisants, déjà dangereux en eux-mêmes, et dont l'arrêt peut être suivi d'une chute brutale et grave de la testostérone, avec les conséquences que l'on imagine sur le comportement et la sexualité en particulier. Le dernier domaine où les mauvaises surprises s'accumulent est celui des pesticides et de nombreux produits chimiques. Car on observe de plus en plus les conséquences dramatiques de leur inhalation ou de leur consommation avec des produits de l'industrie agroalimentaire. Nombreuses sont les populations touchées par une baisse générale des taux de testostérone que l'on peut, sans risque de se tromper, corréler à la baisse de la fertilité masculine dans de nombreux pays (voir « L'infertilité masculine », p. 163). Soyons vigilants.

## La DHEA

On aurait dû se douter qu'un produit, baptisé dès les premières études sur l'homme « hormone de jouvence », redescendrait vite de son piédestal. La DHEA (déhydroépiandrostérone ou prastérone) n'a pas dérogé à cette remise en question, née d'un engouement trop rapide porté par un public impatient. Dans les années 1930, le sérum Bogomoletz, « l'élixir de longue vie », portant le nom de son inventeur, n'était que le dernier avatar d'une longue liste d'élixirs de jouvence après lesquels courent alchimistes ou charlatans depuis la nuit des temps. On aurait tort pourtant de classer la DHEA dans cette catégorie de produits dont le succès, éphémère ou non, ne tient qu'à la crédulité de ses consommateurs. Tout d'abord parce que l'on doit son expérimentation humaine à un chercheur de renom, le Pr Étienne-Émile Baulieu, le découvreur de l'antiprogestérone RU 486, « la pilule du lendemain ». Ses travaux sur les traitements des états dépressifs résistants et sur la maladie d'Alzheimer sont mondialement reconnus, et la communauté scientifique a porté une attention particulière à son expérimentation humaine de la DHEA. L'autre raison de tester la supplémentation de cette hormone est qu'elle est produite par notre organisme (dans les deux sexes), que sa concentration décroît à partir de 25 ans. Si on ne connaît pas bien l'efficacité de sa fraction libre, on connaît l'action et les bénéfices de ses dérivés. En effet, produite par les glandes surrénales (au-dessus des reins), la DHEA est le stéroïde (hormone génitale) le plus présent dans l'organisme. Elle circule soit sous forme libre, soit transformée en testostérone et œstrogène.

Vingt ans après l'étude DHEA du Pr Baulieu (1998), la controverse existe toujours sur l'intérêt d'un traitement à vie (à qui, à quel âge, pour quels bénéfices attendus ?) corrigeant la baisse inévitable des taux sanguins de DHEA au fil des ans. À des doses quotidiennes inférieures à 50 mg, les effets secondaires semblent peu importants, mais aucune preuve d'efficacité n'a été établie, sauf sur des critères mineurs mais pas sur la sensation de bien-être ou sur la longévité. Malgré tout, elle fait partie des produits classés dopants pour les activités sportives. Sa consommation aux États-Unis est libre. En France, elle n'est délivrée que sur prescription médicale, après un bilan hormonal complet, mais la Haute Autorité de Santé (HAS) ne recommande pas de la prescrire dans la perspective d'une lutte contre le vieillissement. Comme tout praticien, j'ai essayé de me faire une opinion sur l'intérêt de cette « hormone de jouvence », à laquelle j'ai pu croire à une époque. Aujourd'hui, je me rallie à ce que dit Dr Véronique Faucounau, membre de la Fondation nationale de gérontologie et coordinatrice du principal essai clinique mené sur la DHEA : « Je dirais aux médecins de ne pas prescrire de DHEA et aux personnes de ne pas en demander. »

## Les poils, c'est la barbe !

Si les poils subissent une profonde transformation à la puberté, seule la barbe[1] est un caractère sexuel secondaire. La génétique et les androgènes, dont la testostérone, sont à l'origine de l'aspect de toute la pilosité constituée à l'âge adulte : couleur, texture, implantation au niveau du corps, densité et même rapidité de pousse.

On ne soulignera jamais assez l'absence totale de rapport entre la pilosité et la virilité. La préférence ou non des femmes pour les hommes poilus fait l'objet de modes et de débats sans fin, et la plupart du temps sans intérêt. Sauf à ouvrir aux hommes le marché des crèmes ou ustensiles dépilatoires, pour le plus grand bénéfice de leurs fabricants.

Disons un mot des poils pubiens ; un pléonasme car *pubis* veut dire « poil » en latin ! Passons ; les cinq stades de la classification de Tanner décrivent, entre autres, la pousse des poils pubiens à la puberté ; la pousse des poils vers l'ombilic est la plus tardive. On se demande à quoi sert cette pilosité ; n'est-elle qu'une survivance d'une généreuse toison de l'australopithèque ou a-t-elle encore une fonction propre autre que de servir de nid douillet à quelques indésirables bestioles (voir, sur les petites bêtes, « Ça vous chatouille ou ça vous gratouille ? », p. 203) ? Vous lirez tout et son contraire, et vous retiendrez qu'on n'en sait rien. Sauf à satisfaire les adeptes de l'acomoclitisme qui est l'attirance sexuelle pour les pubis rasés, chez l'homme comme chez les femmes.

Chacun ses goûts !

---

1. Au passage, rappelons que le patron des coiffeurs et des barbiers est saint Louis alors que sainte Barbe est la patronne des pompiers, des artilleurs et des artificiers.

## L'envers du décor

L'envers du décor, côté jardin ! Difficile de mettre un peu de poésie pour raconter à quoi ressemble l'ultime segment de notre appareil digestif. D'aucuns s'étonneront que je consacre un chapitre à l'anus et au canal anal, les derniers centimètres du rectum, dans un traité sur l'appareil génital masculin. Spontanément, à la question « De quoi est constitué cet appareil ? », nous aurions tendance à répondre : le pénis, les bourses, et la prostate si on ne l'oublie pas, les autres organes de la région faisant partie de l'appareil digestif ou urinaire. Ils ont raison ! L'adjectif « génital » ne concerne que la reproduction. Je dois donc parler de l'appareil « ano-génital » de l'homme, comme vous l'avez remarqué en titre. Pas fun ! Le terme le plus fédérateur est le « sexe » de l'homme, le sexe désignant les organes génitaux, mais aussi l'acte sexuel et la sexualité. Dans ces deux dernières acceptions, notre œil-de-bronze (j'ai d'autres synonymes en réserve !) est à sa place ici, et on sait bien que, dans la recherche du plaisir, il n'est pas réservé qu'aux homosexuels. Si on parle d'anatomie, il est frappant de voir comment bas système digestif, bas appareil urinaire et appareil génital sont intimement liés, bénéficiant d'une vascularisation et d'une innervation communes, celle du petit bassin. Deux structures anatomiques illustrent cette proximité d'organes aux fonctions différentes où l'atteinte de l'un a très souvent un retentissement sur les autres. Commençons par ceux-là.

## *La lame sacro-recto-génito-pubienne (ou fascia pelvien viscéral)*

Il y a de la poésie dans les descriptions de notre corps !

À l'époque de mes études, cette lame sacro-recto-génito-pubienne m'avait fait une aussi forte impression sémantique que l'artère iléo-cæco-colo-appendiculaire. Plus sérieusement, il se trouve qu'elle a un rapport étroit avec notre sujet. Il s'agit d'une lame fibreuse, double, droite et gauche, sorte de hamac tendu entre le pubis en avant et le sacrum en arrière. D'avant en arrière, ces deux lames sous-tendent latéralement la vessie, les vésicules séminales (le vagin chez la femme) et le rectum ; elles contiennent nerfs et vaisseaux de la région.

## *Le périnée*

En grec, *perineos* est « la région par laquelle le corps se vide ». C'est une façon sommaire de décrire le périnée, tout en ayant le mérite de signaler qu'il est traversé par l'anus et l'urètre. En fait, c'est un ensemble de parties molles, peau et muscles, s'étendant depuis le pubis jusqu'au sacrum et formant le plancher du petit bassin (ou pelvis). Sa partie visible va de la racine du pénis, derrière les bourses, jusqu'au début du pli fessier. Elle est décrite comme une région losangique comportant un périnée postérieur, siège de l'anus, et un périnée antérieur qui dans sa face profonde est traversé par l'urètre. Le périnée superficiel, visible, est trois fois moins étendu que le périnée profond. Tous deux concourent à maintenir la bonne tonicité de cette région, malmenée chez la femme lors de l'accouchement, déficiente chez l'homme âgé à la musculature peu entretenue, à l'origine d'incontinence urinaire et/ou de troubles de l'érection. Dans les deux cas, la rééducation est le premier des traitements.

## *Vascularisation et innervation du petit bassin et de tous ses organes*

La vascularisation de pratiquement tous les organes du petit bassin (vessie, rectum et appareil génital) provient des deux artères iliaques internes, issues des artères iliaques communes, divisions elles-mêmes de l'aorte abdominale. Laquelle vient en droite ligne de l'aorte qui sort, elle, du ventricule gauche du cœur[1] ! L'innervation est assurée par le plexus hypogastrique inférieur, contenant des nerfs sympathiques, parasympathiques et les nerfs hypogastriques. Ce plexus, double, est responsable de l'érection, de l'éjaculation et de la continence vésicale et rectale. Il chemine en partie dans la lame sacro-recto-génito-pubienne !

La boucle est bouclée.

## *L'anus et le canal anal*

Long d'environ 5 cm, le canal anal est le segment terminal du rectum, faisant suite à l'ampoule rectale. Au tiers moyen supérieur se trouve une ligne dite « pectinée » (en forme de peigne, comme la surface d'une coquille Saint-Jacques, appelée « *pectinus maximum* » !). Elle est parcourue d'une dizaine de cryptes soutenues par des colonnes contenant à leur base les glandes de Hermann et Desfosses (voir « La fistule anale », p. 213). Un peu oblique et en

1. Ne pensez pas que « ventricule du cœur » soit un pléonasme, car le cerveau contient lui aussi deux ventricules, droit et gauche, comme le cœur.

arrière, le canal anal se termine par la marge anale ou anus, ouvert sur l'extérieur, et heureusement fermé la plupart du temps. Pour assurer cette étanchéité, nous disposons de deux sphincters puissants, l'un qui ne nous obéit pas, le sphincter interne, l'autre, l'encerclant et qui peut répondre à la demande, le sphincter externe. D'où la défécation en trois temps : 1 – ouverture incontrôlable du sphincter interne, descente immédiate des matières stockées dans l'ampoule rectale, 2 – demande d'autorisation au cerveau pour leur évacuation, 3 – après accord, relâchement du sphincter externe, après recherche d'un lieu dit d'aisances ; enfin, si tout se passe bien !

Le corps est une prodigieuse machine, et son anatomie n'est jamais simple. Aussi, je vous épargne la description d'autres muscles de la région, notamment les deux puissants muscles élévateurs de l'anus et le frêle muscle peaucier du périnée. Le chapitre sur les hémorroïdes (voir « *Anus horribilis* », p. 206) complète l'anatomie de cette région très innervée et richement vascularisée.

Je me rends compte que, au XXIe siècle, cinquante ans après qu'un homme eut mis un pied sur la Lune, nombreux sont ceux qui ne savent toujours pas comment introduire un suppositoire. Je rappelle qu'il doit être présenté par sa face plate devant l'orifice destiné à l'accueillir, et non par la tête de l'ogive (regardez comment la fusée de Tintin alunit !). En effet, c'est au moment où l'extrémité pointue disparaît à la vue ou, plus souvent, au bout du doigt, qu'une brève contraction du sphincter externe le projette loin devant lui, sans possibilité de marche arrière (sauf vraie mauvaise volonté), ni de récrimination maternelle (uniquement de la discrimination, car ce sont toujours les mères qui sont de corvée de suppositoires pour leurs enfants !).

La quasi-disparition des suppositoires est bien regrettable, au vu de leur remarquable efficacité galénique (voir passage sur les hémorroïdes, p. 207). Elle est sans doute à mettre sur le compte de l'hypocrisie de nos sociétés pudibondes qui savent pourtant bien ce qu'est la vulgarité.

## Compléments d'anatomie, de lecture facultative

Dartos, *rete testis, veru montanum, colliculus seminalis,* plusieurs dénominations, comme l'anatomie humaine en recèle des milliers, ont dû vous interpeller. Je vous en ai épargné plusieurs qui concernent l'appareil génital masculin ; en voici certaines, avec un mot d'explication et un hommage à leurs découvreurs, afin que vous mesuriez mieux le calvaire du bachotage des étudiants en médecine. Avant de les oublier !

– Le ligament de Cloquet, vestige du canal périnéo-inguinal présent dans le canal inguinal ; du nom de **Jules Cloquet** (1790-1883), médecin et anatomiste français.

– Le Cubain **Joaquín Albarrán** (1860-1912) a été un des pionniers de la chirurgie urologique. Il laisse son nom à une fine zone glandulaire entourant l'urètre prostatique, dite « zone périurétrale d'Albarrán ». Il aurait mérité mieux !

– Le cul-de-sac de Douglas, du nom de James **Douglas** (1675-1742) : vrai cul-de-sac chez la femme, entre le rectum et l'utérus, il n'est chez l'homme que la large concavité inférieure de la cavité péritonéale.

– Le fascia de Denonvilliers est une cloison conjonctive (aponévrose) séparant le rectum de la prostate. Du nom de **Charles-Pierre Denonvilliers** (1808-1872), anatomiste et chirurgien français.

– Le corps de Highmore, tissu conjonctif contenant le *rete testis*. Du nom de **Nathaniel Highmore** (1613-1685), médecin anglais.

– Les ductules efférents : ils relient le *rete testis* à l'épididyme.

– Le *globus minor* : la première partie de l'épididyme.

– Le détrusor est un muscle lisse situé dans la paroi de la vessie et qui se prolonge par le sphincter vésical. Celui-ci entoure l'urètre jusqu'au *veru montanum*.

– Le plexus veineux pampiniforme (en forme de feuille de vigne) : c'est l'entrelacement des veines spermatiques dans le cordon du même nom.

## Les malformations et anomalies globales du développement génital

Les anomalies globales du développement génital sont aussi nombreuses que rares. Il s'agit d'ambiguïtés sexuelles, plus ou moins marquées, au point de ne pas être systématiquement dépistées sur les échographies prénatales. Dans tous les cas, le bilan clinique et génétique doit être rigoureux, puis la conduite à suivre longuement soupesée avec l'accord de la famille. Je me limite à quelques explications derrière les termes et les maladies les plus fréquemment rencontrés, mais cela ne fait pas le tour de l'ensemble de ces anomalies. Ni de leur retentissement dans le développement et le comportement des patients au cours de leur vie.

## *L'hermaphrodisme vrai*

C'est une anomalie génétique rare où, qu'ils s'agissent de chromosomes sexuels XX ou XY, le porteur possède à la fois pénis érectile et prostate, mais aussi vagin et utérus. Le développement de ces caractères sexuels est différent d'un individu à l'autre ; suivant le degré d'imprégnation androgénique (des hormones mâles), la différenciation des organes génitaux se fait dans le sens masculin ou féminin. Sans qu'on puisse forcément s'en rendre compte à la naissance ! Spermatogénèse et ovulation sont possibles, mais les effets des œstrogènes et de la testostérone entrent souvent en compétition, d'où des caractères sexuels secondaires, seins, pilosité, se développant mal. Le terme « hermaphrodisme », rappelant Hermaphrodite, de la mythologie grecque, fait place de plus en plus aux termes « intersexuation » ou « individus intersexués ». Depuis 2003, l'Organisation internationale des intersexués (OII) lutte pour que l'on ne considère plus l'intersexuation comme une maladie et que cessent les corrections chirurgicales ou hormonales qu'on inflige parfois aux enfants suivant l'orientation sexuelle qu'on croit deviner. En cela, elle se rapproche des associations lesbiennes, gays, bisexuels et trans (LGBT) dont la première revendication légitime des membres est de pouvoir mener leur sexualité en toute liberté.

## *Le pseudo-hermaphrodisme masculin*

Le sujet a un caryotype 46XY (on dit aussi « génotype »), mâle. Les testicules sont normaux mais la testostérone ne joue pas complètement son rôle. On est en présence, soit d'une déficience en testostérone, par anomalie d'une enzyme, la 5-alpha-réductase qui permet de transformer la testostérone en son métabolite actif, la dihydrotestostérone (DHT), soit d'une sensibilité altérée des tissus cibles à la testostérone. Ces anomalies expliquent les autres appellations du pseudohermaphrodisme masculin : « syndrome d'insensibilité aux androgènes » ou « testicule féminisant » (dans le cas d'une insensibilité totale). Bien qu'il s'agisse de pathologies congénitales, le diagnostic n'est pas toujours fait à la naissance.

– Le testicule féminisant donne un aspect (on dit aussi « phénotype ») féminin à la naissance ; seul manque l'utérus, car la sécrétion d'hormone de régression müllérienne est normale (voir « "LA" testostérone ! », p. 65). Il n'est pas rare de ne faire le diagnostic que lors d'un bilan pour infertilité ; on retrouve alors les deux testicules, mais en position anormale, ectopique (cryptorchidie).

– Si l'insensibilité est partielle, le tableau clinique est varié ; un aspect féminin peut se combiner avec un clitoris plus gros que la normale, des petites lèvres fusionnées. Les sujets à l'aspect masculin peuvent présenter des organes génitaux normaux associés à un défaut de migration des testicules, mais aussi un micropénis ou un hypospadias, que je détaille ci-après. Enfin, une insensibilité très limitée aux androgènes peut ne se traduire que par un défaut de virilisation à la puberté, associé ou non à une gynécomastie (développement des seins).

## *Les hypospadias*

Les chapitres sur l'anatomie du pénis et des testicules ont permis de faire un détour vers quelques malformations de ces deux organes : les phimosis et paraphimosis, les micropénis, les freins du gland trop courts, les cryptorchidies et les ectopies testiculaires. Les autres malformations du pénis sont dominées par les hypospadias, des anomalies présentes à la naissance, associées ou non à d'autres anomalies génito-urinaires. On estime qu'elles touchent, toutes formes et gravités confondues, 1 garçon sur 250 (1 sur 1 000 selon certains auteurs), mais le doublement de leur fréquence en cinquante ans fait craindre une origine environnementale et la responsabilité des perturbateurs endocriniens à effet œstrogénique présents dans certains produits de l'industrie agroalimentaire. Des déficits endocriniens ou en hormone de croissance et des facteurs génétiques entrent aussi en ligne de compte. Ces hypospadias sont caractérisés par un méat en mauvaise position et une courbure du pénis, mais cela n'affecte pas forcément la fonction urinaire, sexuelle ou de reproduction. La chirurgie, délicate, faite aujourd'hui avant deux ans, dépend du préjudice esthétique et de la correction envisagée des troubles associés. Dans les malformations les plus graves, elle est nécessaire pour redresser le pénis, reconstruire l'urètre, le gland et le prépuce, et rapprocher les corps caverneux.

D'autres malformations sont plus rares, relevant toutes de la chirurgie ; on parle d'« épispadias » quand le méat est ouvert sur la face dorsale du pénis, de verge enfouie, sans qu'il s'agisse d'un micropénis, mais aussi de malformations de l'urètre et d'anomalies préputiales. Quant à la rarissime agénésie du pénis, son absence totale, elle est due à une absence de développement du tubercule génital, ce qui n'empêche pas la présence de scrotum et de testicules, car le marquage génétique est XY et la sécrétion de testostérone normale.

Que faites-vous là, monsieur de Lapeyronie ?

Après avoir fait ses études de médecine à Montpellier, dans la plus ancienne faculté de médecine du monde (XIII$^{e}$ siècle), François Gigot de Lapeyronie (1678-1747) fut le chirurgien du roi Louis XV et chef de la chirurgie du royaume. Brillant anatomiste, il décrivit en 1743 une curieuse maladie qui porte son nom : une sclérose de l'albuginée qui enveloppe les corps caverneux. C'est une maladie de l'adulte au-delà de la quarantaine, qui se manifeste par une douleur pénienne au repos, non systématique, et en revanche une incurvation du pénis en érection. La gêne fonctionnelle est fréquente, le traitement médicamenteux à base de collagénase n'évitant pas toujours la correction chirurgicale. La maladie de Lapeyronie a une étiopathogénie (étude du mécanisme en cause) semblable à celle de la maladie de Dupuytren, une rétraction de l'aponévrose palmaire moyenne dans la paume de la main.

## L'hygiène

L'hygiène de l'appareil génital masculin a une triple fonction ; ne pas attraper ni laisser se développer des maladies (pas seulement des IST – voir « Oubliez la vénérologie ! pensez IST », p. 180), ne pas en transmettre, et offrir à d'éventuels partenaires un matériel *ré-jouissant* (j'évite le mot « allèchant », mais chacun aura compris). La femme a la chance d'avoir un des deux seuls organes du corps humain, avec l'œil, qui soit autonettoyant : le vagin. C'est toujours ça de moins à laver. Si on peut se hasarder à un parallèle avec les hommes, ce serait avec ceux qui ont un pénis circoncis, car le frottement avec les tissus débarrasse sans arrêt la base du gland du smegma qui s'y dépose. Dans tous les cas et dans les deux sexes, c'est une région où les sécrétions sont nombreuses, le passage de l'urine souvent pluriquotidien, l'anus voisin, le tout macérant sous l'effet conjugué du confinement, des mouvements, de la chaleur et de la sueur. Qu'on doive ou non partager nos attributs, une trop longue période de marinade n'a rien d'appétissant. Le temps d'altération est variable, et chacun d'entre nous sait très bien à partir de combien d'heures, plus rarement de jours, il commence à poquer de l'entrejambe. En arriver là est dommageable, d'autant que la remise en état est un geste simple, écologique et rafraîchissant. Oubliez les crèmes, onguents, lingettes, pommades, et tous les savons contenant autre chose qu'un peu d'eau, du sel, de la soude et des huiles végétales. Autrement dit ce bon vieux savon de Marseille, ou son lointain ancêtre, le savon d'Alep qui commence à renaître de ses cendres. Messieurs les hommes, déculottés puis décalottés, un rapide récurage quotidien, du devant jusqu'au derrière, à la main, à l'eau et aux savons ci-dessus, et nous voici propres comme un sou neuf, prêts à affronter une « pipinopinée ».

Après un rapport entre deux partenaires qui se connaissent très bien, et s'il n'y a pas eu de sodomie, le lavage, pour l'homme en tout cas, n'est pas une urgence, et il y a des choses plus agréables à faire que de sauter immédiatement dans le bac à douche. Dans tous les autres cas, l'hygiène s'appelle le préservatif ! À défaut, un lavage soigneux après avoir uriné met un peu à l'abri de maladies sexuellement transmissibles. Ne pas croire que c'est une garantie et d'autant moins si on a déjà été infecté, le risque étant d'avoir gardé une certaine sensibilité aux bactéries, virus et champignons de passage dans la région.

## Conclusion

Arrivés au terme de ce chapitre sur l'anatomie et la physiologie de l'appareil ano-génital masculin, vous avez pu apprécier la fonctionnalité des organes qui le composent.

Sa partie visible, quoi qu'en pensent certains hommes, ne paye guère de mine, qu'elle soit à genoux ou au garde-à-vous. Et cette revue, pourtant détaillée, n'embrasse que les données de base ! Mais une grande première chirurgicale nous apporte la preuve indirecte de l'extrême complexité d'un appareil sans lequel nous serions bien en peine d'assurer notre descendance. Le 26 mars 2018, à l'université Johns-Hopkins (USA), la greffe conjuguée d'un pénis et d'un scrotum (sans les testicules) a nécessité la présence, quatorze heures durant, de deux chirurgiens urologues et neuf chirurgiens esthétiques. Pour des raisons d'éthique, les testicules n'ont pas été greffés car susceptibles de produire du matériel génétique appartenant au donneur. L'histoire ne le dit pas, mais le patient a sûrement bénéficié de prothèses de testicules afin de corriger définitivement son préjudice esthétique. Un oubli qui avait coûté la vie à un chirurgien dans les années 1970, poignardé par son patient s'estimant défiguré !

# La sexualité

## Le sexe

Ce livre est sous-titré *Le sexe de l'homme*... Est-ce suffisant pour évoquer le domaine qu'il a l'ambition d'explorer ? Oui, en ce qui concerne la classe à laquelle appartient ce sexe : masculine, en l'occurrence, excluant de parler du sexe des femmes, sauf à évoquer certains organes génitaux équivalents et les rapports hétérosexuels. Mais il manque une précision d'importance car le nom commun « sexe » possède trois sens différents. Le sexe de l'homme désigne d'abord l'organe génital externe, c'est-à-dire le pénis, les testicules et rien d'autre. Mais si on fait l'impasse sur les organes profonds, prostate, canaux, nerfs, vaisseaux, on ne peut pas expliquer sa fonction reproductrice. Le sexe désigne aussi l'acte sexuel. En anglais, *to have sex* veut dire « faire l'amour » ; au moins c'est clair ! Enfin, le sexe est synonyme de sexualité, relative aux comportements, aux pulsions, aux désirs, à la vie sexuelle tout simplement. En ce qui concerne ces deux dernières acceptions du mot « sexe », on ne sera pas surpris du *détour* vers « l'arrière » de notre anatomie.

Traiter du sexe de l'homme justifie donc ce deuxième chapitre sur la sexualité. Il n'a pas la prétention d'être un traité de sexologie, même sommaire, car il fait l'impasse sur de nombreux domaines s'y rapportant : l'évolution de la sexualité, la diversité des comportements sexuels ou les conséquences sociales, culturelles liées à ces comportements. Fidèle à la logique des pages précédentes, je m'attarde sur les aspects mécaniques, physiologiques, médicaux parfois, de la sexualité. Je traite de pratiques propres à l'hétérosexualité, et d'autres communes aussi à l'homosexualité, ou la transsexualité, telles que la fellation ou la sodomie. Enfin, je n'ignore pas les sentiments humains qui guident tous nos comportements sexuels, mais, afin de compléter cette première approche, je vous renvoie aux spécialistes des sciences de l'homme et des comportements amoureux, et à leur réflexion sur les profonds changements et l'avenir de la sexualité.

... *comme vous ne l'avez jamais lu* complète le sous-titre. Car, suivant le vieil adage : « On n'est jamais aussi bien servi que par soi-même ! »

## La puberté

Au cours de notre vie, la puberté est l'événement physiologique majeur de notre développement corporel, sexuel en particulier. C'est à ce corps en transformation que nous devons la survie de notre espèce et grâce aux modifications conjointes de notre comportement que nous acquérons une conscience sociale. Nous l'avons vu, l'action de la testostérone est primordiale. Les transformations de l'appareil génital et l'apparition des caractères sexuels secondaires sont faciles à observer. À un âge variable chez le garçon (vers 12-13 ans) et pendant une durée difficile à déterminer (3 à 4 ans en moyenne), le pénis et les testicules grossissent, les poils pubiens, la barbe et la moustache apparaissent, la pilosité du corps se développe, la mue de la voix s'opère. Invisibles mais réels sont l'apparition de la spermatogénèse en fin de puberté et le développement de la prostate et des autres glandes du tractus génital. Beaucoup plus complexes à cerner sont les profondes modifications qui interviennent au niveau cérébral, modelant un comportement et la quête d'une identité. C'est un vaste chantier où la diminution de la matière grise va de pair avec la formation de nouvelles connexions neuronales déterminées par la réévaluation de nos expériences de l'enfance, contemporaine de l'acquisition de nouvelles connaissances et d'un nouvel apprentissage de la vie. Avec la constitution d'un appareil génital fonctionnel apparaît aussi le désir sexuel ou, plutôt, une reviviscence d'un désir et d'une préférence sexuelle qui existaient dans la petite enfance mais qui désormais se traduit par des modifications visibles, conscientes, du corps. L'amour – tomber amoureux ! – est d'un autre ordre. De manière très schématique, on considère que nous avons trois cerveaux : un cerveau dit « primitif » ou « reptilien », un *système* « limbique », territoire des émotions, et un « néocortex » plus superficiel où les régions frontales et préfrontales déterminent une grande partie de notre comportement. Tout cela pour dire que le sentiment amoureux, cette tempête soudaine inaugurée souvent par un « coup de foudre », ne relève pas, cérébralement parlant, de l'émotion pure, mais d'une pulsion non consciente. À l'égal d'une drogue, l'amour « fou » est sous la dépendance de notre cerveau primitif, profond, encore appelé « tronc cérébral ». Il peut apparaître dès le début de la puberté et prendre les mêmes caractères addictifs que chez l'adulte.

Vous lirez ou entendrez de curieux mots liés à la puberté normale. Autant en connaître la définition. La « pubarche » concerne l'apparition de la pilosité pubienne et axillaire, l'« adrénarche » le développement des glandes surrénales, la « gonadarche » celui des testicules (les premières règles chez les femmes s'appellent les « ménarches »). Si j'évoque ces termes un peu savants, c'est pour alerter sur l'augmentation des pubertés de plus en plus précoces ; si elle touche en priorité les filles, les garçons sont de moins en moins épargnés. Des initiatives désastreuses de l'industrie agroalimentaire sont à l'origine de l'inhalation ou l'ingestion de perturbateurs endocriniens et de leurs conséquences sur la santé humaine. De vastes études sont en cours, mais leur responsabilité dans l'augmentation des pubertés précoces semble bien en cause. On entend par « pubarche prématurée » l'apparition de poils pubiens (pas un simple duvet), associée ou non à une pilosité axillaire, avant l'âge de 9 ans chez le garçon. Comme dans les cas d'adrénarche ou de gonadarche prématurées, elle impose un bilan des causes de ces anomalies et de tous les signes de virilisation associés.

## Garde à vous !

*Homo erectus*, apparu aux alentours de 1,5 million d'années, ne tire pas son nom d'une particularité de son membre viril dont il aurait mieux dominé l'érection que ses ancêtres. Mais, moins prosaïquement, du fait qu'il représente la première espèce humaine à marcher sur ses deux pieds, son corps s'étant définitivement redressé. Après cette mise au point anthropologique, intéressons-nous au mécanisme de l'érection, une prodigieuse particularité de la plupart des mammifères, sans laquelle aucune reproduction ne serait possible. Sauf chez l'homme qui a su contourner cette difficulté, non sans créer de délicats problèmes de déontologie et d'éthique. Reste une question, elle est de taille, si l'on peut dire : à la suite de quels étranges mécanismes notre sexe peut-il gonfler, devenir rigide puis le rester un certain temps, bien sûr éminemment variable ? Si l'érection est en théorie reproductible à tout instant et tout au long de la vie, elle est aussi un phénomène d'une grande complexité, sous l'influence de multiples facteurs, anatomiques, psychologiques, neurologiques, hormonaux, vasculaires et tissulaires. On comprend mieux pourquoi les causes des troubles érectiles sont si variées, chaque fois qu'un ou plusieurs de ces facteurs entrent en dysfonctionnement, et pourquoi les traitements nécessitent de repérer, en priorité, le ou les niveaux d'atteinte, et d'évaluer s'ils sont réversibles ou non. Si, légitimement, seul le résultat nous intéresse, il n'est pas interdit de découvrir les principales étapes de l'érection, ne serait-ce que pour nous émerveiller des pouvoirs de notre corps. Et d'être alerté ou rassuré face à quelques insuffisances plus ou moins sévères et passagères (ou non). Une curiosité ethnologique au passage ; le membre en érection fait avec l'abdomen un angle d'environ 45° chez les Indo-Européens, il est plus à l'horizontal chez les Asiatiques, plus à la verticale chez les Africains ! Que cela ne nous détourne pas de notre propos.

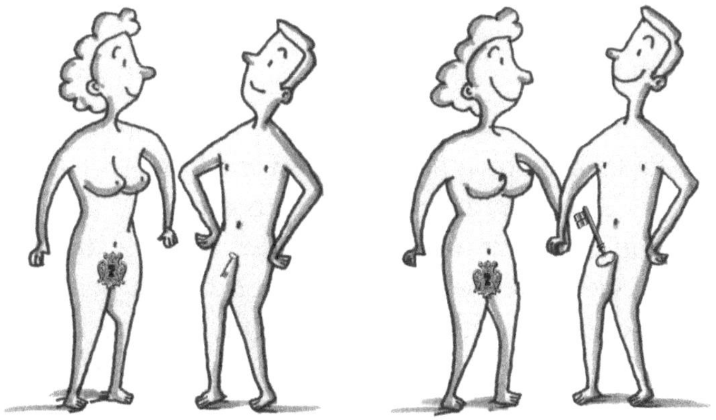

## *In vivo*

Le mieux pour suivre en direct les mécanismes d'une érection est de la replacer dans le contexte d'un rapport sexuel imminent, même le plus classique. Auparavant et pour comprendre ce qui va se passer, rappelez-vous que l'innervation du pénis est triple. Elle est à la fois autonome, c'est-à-dire hors de notre contrôle volontaire, constituée d'un système dit « parasympathique » et d'un autre dit « sympathique », ce dernier maintenant notre organe raplapla en empêchant l'afflux de sang. Elle est aussi organique (ou somatique, relative au corps), autrement dit sensitive, permettant au pénis d'être sensible au toucher, et motrice, à l'origine des contractions des muscles de l'érection et des fibres musculaires présentes dans les corps caverneux (voir p. 30). Elle est enfin réflexe, du pénis au pénis, *via* le scrotum. Pour l'anatomie singulière du pénis, merveilleuse machine conçue en partie pour l'érection, je vous renvoie aux passages correspondants.

Maintenant, retenez votre souffle, et ne sautez pas une scène ; si les étapes sont nombreuses, le chemin est court.

*Scène 1*

Imaginez-vous, un soir, confortablement installé dans votre fauteuil, en train de lire le dernier d'Ormesson (le dernier Le Clézio fera aussi l'affaire). Vous pouvez y prendre beaucoup de plaisir, mais cela n'a rien de « bandant », au sens érectile du terme. Votre pénis est dans sa position de repos, c'est-à-dire flasque, au point que vous ne le sentez pas. Arrive votre partenaire, la démarche chaloupée, l'œil égrillard, un sourire gourmand aux lèvres, et avec – vous la connaissez par cœur – une idée en tête. Se penchant sur vous, à vous caresser le visage de ses cheveux, elle vous vole un baiser où pointe une langue discrète, tout en vous chavirant de son parfum préféré que vous aimez tant. Derrière cet aimable jeu complice et amoureux se met en place, de votre cerveau à votre bas-ventre, le scénario d'une érection que vous ne pouvez pas et ne cherchez pas à contrôler. Pour l'instant !

*Scène 2*

Que vous en preniez conscience ou non, viennent de pénétrer dans votre champ sensoriel de très nombreux stimuli, reliés à un imaginaire sexuel, domaine du cerveau droit, et déclencheurs d'une cascade d'événements. Depuis vos yeux, vos oreilles, votre nez, votre bouche, puis la pulpe de vos doigts, ces stimuli, entretenus par des pensées érotiques, se transforment en influx nerveux, gagnant les aires neurologiques correspondantes, en une course à la vitesse de l'éclair le long de vos nerfs sensitifs afférents. Exemple : « Chéri, j'ai très envie de toi » est une information sonore qui est transformée en impulsion électrique au niveau des deux oreilles internes (sauf si le message est chuchoté à l'oreille droite ou gauche !), dans un organe appelé « cochlée », puis transmise par les deux nerfs auditifs aux cortex auditifs correspondants, à la partie supérieure du lobe temporal (à peu près au-dessus de l'oreille). Ceux-ci ont deux fonctions : le cortex auditif primaire envoie l'information au cerveau gauche, qui va reconnaître les mots en les associant à *quelque chose de connu* (« Chaque fois qu'elle me dit ça, je sais que ça va être carnaval ! »). Le cortex auditif secondaire en est aussitôt informé et transmet la bonne nouvelle au cerveau droit, centre d'une mémoire qui va retrouver, comprendre et associer ces mots à des pensées ou des images agréables (« Je suis sûr qu'elle a mis sa lingerie noire que je lui ai offerte à Noël »). Le cerveau droit étant le cerveau des rêves, de l'imagination, de la créativité, commencent à se construire des scénarios érotiques qui vont être ou non mis en œuvre dans les minutes qui suivent (beaucoup resteront à l'état de projets !). Les autres sens mis en émoi enclenchent des circuits analogues à ceux de l'ouïe que nous venons d'envisager, le tout aboutissant à une déferlante de données qui convergent (tiens, con-verge !) vers une fine structure cérébrale, proche de la taille d'une amande, votre hypothalamus. Activé, celui-ci mobilise aussitôt une hormone, la Gonadotrope Releasing Hormone (GnRH), qui, par l'intermédiaire de la tige dite « pituitaire », gagne à son tour une toute petite glande, mais combien précieuse, située elle aussi sous vos hémisphères cérébraux, l'hypophyse. Courte digression : on a longtemps cru qu'il s'agissait de l'épiphyse, une petite glande située en avant et un peu au-dessus du cervelet, peut-être au point de l'appeler « glande pinéale » !

*Scène 3*

L'hypophyse, donc !

Reçu 5 sur 5, le message provenant de l'hypothalamus se transforme alors en une bouffée de nouvelles hormones où prédomine l'hormone lutéinisante (LH), déclencheuse de la fabrication de testostérone par les testicules, tandis que le système sympathique se met au repos et que le parasympathique entre dans la danse. Parallèlement à la testostérone, arrivées aux corps érectiles de votre pénis, les terminaisons parasympathiques libèrent une bonne mesure de monoxyde d'azote (NO), puissant relaxant du muscle caverneux, proérectile ! Soumis à la combinaison de tous ces messages, votre sexe commence à se remplir de sang et à se dilater, entraînant dans son sillage un flot de pensées et de sensations qui vont le maintenir en alerte le temps que les nerfs afférents continuent de le stimuler. Magie du désir et de la mémoire, vous n'avez pas eu le temps de quitter votre fauteuil pour rejoindre un autre terrain de jeu que le relâchement des fibres musculaires lisses des corps caverneux et spongieux, leur remplissage dû à l'arrivée massive de sang, la mise en tension de l'albuginée, la membrane qui les contient, la contraction du ligament suspenseur de la verge et le blocage passif du retour veineux, vous offrent un membre turgescent auquel seules l'éjaculation, des pensées contraires ou l'arrivée inopinée d'un intrus peuvent, pour l'instant, venir à bout.

*Scène 4*

Votre cerveau, l'hémisphère droit surtout, et les aires cérébrales que nous avons mentionnées ont bien fait leur boulot ! À vous de reprendre le contrôle des événements et de ne pas vous laisser déborder par le flot continu de nouveaux stimuli sensoriels. C'est bien le hic quand on a à cœur d'accompagner notre partenaire jusqu'à une jouissance simultanée. D'autant plus que la stimulation directe du pénis entre rapidement en jeu. Elle se fait par l'intermédiaire du nerf honteux interne et revient instantanément par le nerf érecteur d'Eckart. C'est une excitation réflexe en circuit court (pénis → sacrum → pénis), mettant en jeu un influx nerveux qui n'est même pas monté au cerveau. Mais je sais bien que ce n'est pas votre problème ! Vous et moi avons un autre souci ; si nous ne contrôlons pas le temps de l'éjaculation par notre seule pensée, il est à parier qu'elle sera prématurée, voire précoce, laissant notre partenaire sur le bord du chemin.

*Rideau !*

Nous savons bien que la jouissance masculine s'accompagne à tout coup d'une détumescence rapide. En effet, sous l'action du système sympathique (si on veut !), un processus inverse de l'érection se met en place. La contraction des fibres musculaires lisses des corps caverneux, le déblocage du retour veineux, la vidange sanguine des corps caverneux et spongieux, et le relâchement de l'albuginée aboutissent au retour à la flaccidité de notre membre. Cette vraie débandade, accompagnée d'une chute brutale de la sérotonine, est souvent flanquée de son cortège mélancolique, le « *post coïtum, animal triste* » des pages roses du Larousse. Cela dit, personne n'a encore vraiment percé le mystère du contrôle neurologique du retard à l'éjaculation. Nous en sommes réduits, en pleine euphorie érotique, à évoquer notre feuille d'impôts, notre belle-mère, une concierge acariâtre ou un contrôle routier. En espérant que la gendarmette qui nous arrête ne prenne pas tout à coup, en pensée, des allures de bimbo provocante. Il est un contrôle mécanique qu'on ne risque rien à tenter, l'absence de tout mouvement, voire le retrait rapide et provisoire, et la contraction du périnée !

Bref, s'il est un réel secret d'alcôve, c'est bien cette lutte contre nous-mêmes, jamais gagnée d'avance, où nous sommes là dans le plus intime de nos pensées, où tout peut nous échapper et où tout est permis.

*En coulisses*

Enfin, je me dois de citer deux types d'érection qui ne sont pas la conséquence du flot de stimuli tel que je le décris plus haut. Il s'agit de l'érection nocturne et de l'érection matinale. La première peut être spontanée, même s'il est fréquent qu'elle survienne à la suite de rêves érotiques. Elle est à l'origine d'anxiété, de honte aussi chez l'enfant prépubère, victime de ses premières pollutions nocturnes, encore appelées chez nous « cartes de France ». À mon avis, il ne doit pas exister de « cartes des États-Unis » ; ils doivent les mentionner État par État ! Tous les garçons connaissent ces éjaculations incontrôlées et la panique à l'idée que leur mère découvre au matin ce qui s'apparente au pipi au lit ! Quoi qu'il en soit, ces petits désagréments ne devraient jamais être stigmatisés, mais, bien au contraire, expliqués à l'enfant, si on en est capable, le seul but étant de dédramatiser une conséquence insignifiante de l'éveil à la sexualité, et de mettre à l'aise un enfant un peu traumatisé. Vous voulez un argument ? L'étymologie du mot « alèze », cette toile qui protège le matelas des fuites corporelles, vient de « à l'aise » ; soyez-le ! Chez l'adulte, qui contrôle mieux ses émotions et ses sphincters, ces pollutions ne sont pas rares pour autant. Elles sont le fait d'un engorgement de la prostate dont le traitement est dans des éjaculations plus fréquentes, suivant la méthode de son choix.

L'autre type d'érection spontanée est l'inévitable « bandaison du matin » que les humoristes en mal de comparaisons s'amusent à qualifier de « dormir sur le cric » ! Elle est fréquente, prélude ou non à un rapport si un partenaire proche y est consentant, cédant sinon rapidement si elle n'est pas entretenue. Son origine est obscure ; on a évoqué un réflexe, en cas de vessie pleine, qui éviterait d'uriner sans s'en rendre compte, la miction étant bloquée provisoirement par l'érection.

Chez l'adulte âgé, il existe un désordre commun à l'érection et à l'hypertrophie de la prostate, le syndrome métabolique. Dans les deux cas (voir p. 142 le chapitre « L'andropause ») il peut être à l'origine d'une hypertonie du système sympathique, donc d'une contraction des fibres musculaires de l'appareil génital. Conséquences : au niveau de la verge, l'entrée du sang dans les corps caverneux est freinée ; au niveau de la prostate, l'urine peine à s'évacuer par un urètre resserré. Voilà pourquoi on retrouve souvent des dysfonctionnements érectiles chez les malades qui « ont la prostate ».

## Orgasme et éjaculation

Voici la suite de l'histoire commencée au chapitre précédent. Dans ce dernier, je tentais de démêler l'extrême complexité de la mise en œuvre du processus érectile neuro-hormonal. On a vu comment le désir, couplé à des stimuli sensoriels (vue, ouïe, toucher, goût, odorat), peut déclencher une cascade d'informations vers notre pénis qui se traduit en un phénomène purement mécanique, une plus ou moins rapide bandaison. Si ces séquences sont à peu près bien connues, celles qui conditionnent l'orgasme et l'éjaculation (rarement dans l'ordre inverse) sont beaucoup plus obscures. Qu'importe ! Poussons notre curiosité jusqu'à la compréhension des grandes lignes de ce phénomène qui se situe au sommet de la jouissance sexuelle, commune aux hommes et aux femmes. Reprenons, si vous le voulez bien, la séquence en *direct live* vue au chapitre sur l'érection. Rappelez-vous, vous êtes dans votre fauteuil, votre partenaire s'approche, joueuse ou malicieuse ; vous vous connaissez si bien que la même idée vous traverse l'esprit. En un rien de temps, indépendamment de votre volonté, vous bandez, tandis que chez votre partenaire, si c'est une femme, deux petites glandes dites « de Bartholin », situées à l'entrée du vagin, commencent à sécréter un liquide lubrifiant à base de cyprine. Le jeu sexuel peut débuter. Il prend toutes les formes et tout le temps que vous pouvez ou voulez bien lui consacrer, et, dans le meilleur des cas, il conduit les deux partenaires à un orgasme parfaitement synchronisé. Je me garderais bien de chercher des statistiques sur cette communion idéale, sachant qu'elle n'est pas à tout coup obligatoire pour partager une sexualité épanouie. À chaque couple d'écrire ses propres règles du jeu, puisque l'amour en est un ! Mais revenons quelques minutes en arrière ; vous êtes encore installé dans votre fauteuil, ou bien vous avez rejoint un terrain plus familier pour vos ébats. Délibérément ou suivant votre intuition et vos habitudes, vous maintenez un flot d'excitation chez l'un comme chez l'autre ; les taquineries amoureuses traînent, puis l'union se fait dans une douce brutalité, les pauses succèdent aux chevauchées insistantes, les silences aux mots doux susurrés dans le creux de l'oreille, les caresses au contact immobile. Bref, tout un art, puisque l'amour en est un ! Quand soudain, rendu au comble de l'excitation, vous sentez que « quelque chose » se prépare d'une manière irrémédiable dans votre bas-ventre. Alors, ce n'est plus la peine de penser à votre feuille d'impôts ou à votre belle-mère, vous venez d'atteindre la limite du non-retour. Le métal a son point de fusion, l'eau a celui de l'ébullition, le plaisir sexuel a celui de la déflagration ! « Une fois le récipient des sentiments rempli à ras bord, il ne peut rien contenir de plus, plus une goutte de monde extérieur ne peut s'ajouter » (Stefan Zweig [1881-1942] – *Ivresse de la métamorphose*). Une dernière convulsion et, dans une explosion des sens, les deux corps semblent fusionner, tandis qu'une double plainte ponctue ce moment unique qui nous différencie de tous les animaux de la création. Un délicieux épuisement s'installe ; votre corps, sur ou sous son corps, devient lourd comme un cheval mort ! chante Johnny.

Que s'est-il passé ? En réalité, le barrage régulant les messages neuronaux vers votre machinerie sexuelle a cédé sous l'averse diluvienne de stimuli, relayée par un cerveau droit au comble de l'érotisation éveillée. Vous vous souvenez du système nerveux autonome ? Eh bien, il perd les pédales (sans médiocre jeu de mots) : tandis que le nerf parasympathique libère la sécrétion des glandes sexuelles, autrement dit le sperme, le sympathique contracte les fibres musculaires de toute la tuyauterie, tout en fermant le col de la vessie, pour que le flot parte dans le bon sens. Et le système somatique, me direz-vous ? Bonne question ; il resserre le périnée et certains muscles pelviens, en empruntant le nerf honteux. Les muscles des canaux déférents, des vésicules séminales et de la prostate se contractent (point de non-retour) tandis que le muscle pubo-coccygien (plancher du périnée) se relâche par saccades.

C'est l'explosion ! Projeté par vagues dans l'urètre, l'éjaculat (voir p. 48 à 50), rompant la dernière digue de votre jouissance, est expulsé à l'extérieur de votre pénis, et à l'intérieur de son hôte. Si vous y êtes encore !

Et l'orgasme, dans tout ça ? Il n'est pas tout à fait synonyme d'éjaculation, pour la simple raison que l'éjaculation est un procédé mécanique alors que l'orgasme est avant tout une sensation, de plaisir extrême, d'extase à son apogée. Pourtant, ils sont très contemporains l'un de l'autre, peut-être légèrement décalés dans le temps et en tout cas sous l'influence des mêmes systèmes neurologiques (surtout dans l'éjaculation) et hormonaux (surtout dans l'orgasme). Au moment de l'orgasme, nous avons tous remarqué l'accélération de nos rythmes cardiaque et respiratoire, l'augmentation de la sudation, et ce sentiment de bien-être presque douloureux tant il est intense. Si le sympathique est à l'origine des phénomènes physiques, c'est la libération dans le sang d'hormones comme l'ocytocine, la dopamine et en dernier lieu les endorphines qui provoque l'orgasme proprement dit. Leur effondrement a l'effet inverse, à l'origine d'un sentiment banal de tristesse, surtout chez l'homme, d'autant plus que le plaisir a été intense.

Soufflons à notre tour !

Je parle plus haut de la plainte qui signe vocalement l'orgasme. Chacun y met l'intensité et la durée qui lui sont propres. On considère que l'orgasme masculin, accompagné de son feulement, ne dure guère plus de cinq secondes. Insignifiant, comparé à celui de la femme, qui peut se moduler pendant vingt longues secondes, et être lui aussi contemporain d'une éjaculation. Elle est le fait des petites glandes dites « de Skene » (un reliquat prostatique chez les femmes, pour certains scientifiques), qui déversent dans l'urètre un liquide clair mais différent de l'urine. Chez l'homme, le « râle » de l'orgasme reste une énigme. Il a sûrement une composante mécanique ; à une courte apnée précédant l'éjaculation succède une vidange brutale des poumons aboutissant à ce gémissement plus ou moins bruyant provoqué par l'air qui franchit des cordes vocales contractées. Soyons plus prudents avec la composante psychologique et amusons-nous plutôt en comparant notre cri à celui d'un Tarzan ayant terrassé une bête sauvage, à un tennisman hurlant son « *Yes !* » accompagné d'un poing rageur, voire à un gorille se frappant le thorax histoire de montrer que « c'est lui le patron ». Je vous laisse réfléchir sur ces hypothèses. Si elles ont un fondement de vérité, ce n'est guère à notre gloire. Dans tous les cas de figure, et à en croire la littérature féminine, notre orgasme doit être aussi intense que pauvre, comparé aux orgasmes des femmes, des orgasmes au pluriel, clitoridiens, vaginaux, fontaine, tantriques, seul ou en série. Notre éjaculation peut même être anorgasmique, simple écoulement incontrôlable et silencieux, destiné à cacher à notre partenaire notre incapacité à nous retenir. Les plus concernés d'entre nous n'hésitant pas à poursuivre tant bien que mal le va-et-vient engagé, malgré un membre à la défaillance devenue irrémédiable.

## Libido ou désir ?
## Excitation ou impulsion sexuelle ?

Si je m'en réfère au juge arbitre qu'est l'étymologie, *libido* en latin signifie « désir » ! Fermer le ban ! Curieusement,

« libidinal » renvoie à l'érotisme et « libidineux » à un personnage débauché, impudique, licencieux et même vicelard.

Dans nos sociétés où trop d'outils de communication tuent la communication, les comportementalistes ne cessent de s'interroger sur notre libido, ce besoin de découverte et cet élan qui nous poussent vers l'autre. Avec cette question récurrente et angoissante : le lavage de cerveau publicitaire et la surconsommation toucheront-ils les objets sexuels avec la même intensité que de nombreux produits de consommation courante, au point de substituer ces objets à « l'autre » ? Si l'on regarde le déferlement de pornographie qui nous assaille, Internet en tête, on peut craindre que ce désir, né du manque, ne s'émousse de plus en plus face au sentiment de pouvoir tout posséder, sexuellement parlant ! Le désir est ami de la patience et de la lenteur, il naît, il grandit, il fait des pauses, il prend des initiatives, au fur et à mesure que se déclenche la prodigieuse chimie cérébrale ; l'inverse des trois clics suffisant à commander une poupée gonflable sur le dernier site de cul à la mode. Le désir se nourrit d'érotisme, d'imprévu, de flou, et dans une relation qui dure, malgré des jeux de l'amour qui perdent en intensité, le désir s'enrichit d'une confiance en l'autre, d'une vraie complicité, de projets en commun et d'un humour partagé.

Au chapitre précédent, l'histoire de l'homme et de sa partenaire, en état d'excitation sexuelle, nous a montré que l'organe aux commandes, dans tous les actes sexuels, est le cerveau, relayé par les nerfs et les hormones ! Le but était de suivre, de la tête au *juste milieu* de notre individu, le parcours neurologique conduisant à l'érection, avec le risque d'induire que tous ces mécanismes sont hors de contrôle volontaire. Cela serait trop simple et n'expliquerait pas pourquoi l'immense majorité d'entre nous n'a pas un comportement sexuel bestial, guidé par le seul instinct et les seules connexions neurologiques dédiées à l'érection. La grande question est : pourquoi, quand on ressent du désir, puis une excitation physique, charnelle, sexuelle, passons-nous à l'acte… ou pas ? Des équipes de chercheurs, comme celles du Pr Serge Stoléru, de l'INSERM, ont répondu en partie à cette énigme, découvrant, grâce aux techniques les plus sophistiquées d'imagerie cérébrale, les zones du cerveau qui, constamment, pèsent « le pour et le contre », activant ou inhibant l'excitation sexuelle déclenchée par un « objet » de désir. L'exemple de notre couple débutant un jeu sexuel montre le cheminement cérébral d'un stimulus auditif. Les autres stimuli suivent d'autres voies, avant de gagner l'incontournable hypophyse. Ainsi, on apprend que l'information visuelle, la plus stimulante de toutes, après avoir atteint les lobes occipitaux où elle a été interprétée (à l'arrière de la boîte crânienne), file vers « le gyrus fusiforme qui l'envoie au cortex orbito-frontal ». La première sanction intervient à ce niveau : « J'y vais, j'y vais pas ! » Si c'est non, notre homme peut se replonger dans sa lecture du dernier d'Ormesson. Si c'est oui, l'influx se précipite vers « la substance noire et l'aire tegmentale ventrale », libérant de la dopamine. Enfin, l'émotion est renforcée par le passage de l'influx dans une zone située à l'arrière du lobe frontal, l'insula, qui, elle aussi, décide de renforcer l'aspect motivationnel… ou pas ! *Last but not least* : les lobes temporaux ont leur mot à dire et sont plutôt limitatifs. La meilleure preuve est que les singes auxquels on retire cette zone sont pris de frénésie sexuelle. Puis le frein du cortex s'anime, « déconnectant la perception purement physique de la personne de son sex-appeal », et parfois, on ne sait pour quelles raisons, un dernier *verrou*, le noyau caudé, se met en branle ; enfin, si on peut dire, puisqu'il bloque tout et, comme on dit très vulgairement, on n'a plus qu'à repartir avec la bite sous le bras. Je galèje parce que le sujet s'y prête, mais, à découvrir avant vous ce qui fait de nous des êtres neuronaux, je suis fasciné par l'extraordinaire complexité du déclenchement de nos pulsions sexuelles. Et intrigué de voir que l'évolution nous a munis de tant de garde-fous. De terribles questions demeurent : à partir de quand doit-on considérer l'obsession sexuelle et le passage à l'acte, sans le consentement total de l'autre, comme des actes volontaires et condamnables, ou que faire face à un individu que la génétique, une maladie ou un traumatisme ont privé de son noyau caudé et qui ne sait pas résister à ses pulsions sexuelles ? De nos jours, la castration chimique (ou camisole chimique), par voie orale ou injectable, est un processus réversible. Elle permet de neutraliser la sécrétion de testostérone et en particulier la libido. Dans le cadre juridique, la loi du 17 juin 1998[1] dit qu'un accusé peut être soumis à une injonction de soins, mais doit apporter son consentement au traitement (sous peine de mettre à exécution l'emprisonnement prononcé). Cela dit, chaque affaire grave mettant en cause des délinquants sexuels, récidivistes ou non, relance le débat légitime d'une castration chimique obligatoire.

## Les coïts

« Coït », « coïter », quels vilains mots ! « Copuler » n'est pas plus élégant. Vous vous voyez proposer à une nouvelle conquête de coïter ? « Baiser », « niquer » (« se taper une

1. Loi relative à la prévention et à la répression des infractions sexuelles ainsi qu'à la protection des mineurs.

meuf ! ») véhiculent leur relent de sexisme. Le mot « accouplement » est bestial, la « fornication » renvoie au péché de luxure dénoncé dans les écrits religieux. Reste l'« acte sexuel » – mais on se croirait chez un notaire – et « faire l'amour », cette périphrase au flou romantique, nous faisant penser à tort que tout rapport sexuel est un acte d'amour ! Bref, chacun met dans « faire l'amour » ses propres représentations, ses propres limites tirées de son éducation et de son expérience. « La carte n'est pas le territoire », dit-on en programmation neuro-linguistique : sous-entendu, chaque individu se construit une image du monde et de l'amour en particulier, basée sur son expérience, forcément différente de celle qu'on lui enseigne.

20 % des jeunes, garçons et filles de 14 à 17 ans, regardent régulièrement des images pornographiques sur leurs écrans, un monde virtuel où l'amour se résume trop à l'accouplement d'hommes dominateurs et de femmes objets, assorti de toutes les perversions sexuelles. Un monde qui devrait être réservé à un public averti. Les pédopsychiatres s'accordent pour en pointer les dangers sur la construction de la sexualité chez des enfants ou des adolescents. Les mises en garde abondent, les parades sont difficiles à mettre en œuvre. Le rôle des parents est capital, si tant est qu'ils sachent communiquer avec des mots simples, sur un mode ni moralisant ni culpabilisant. L'éducation à la sexualité s'est généralisée à l'école primaire, au collège et au lycée. L'objectif est ambitieux : « développer chez les élèves le respect de soi, de l'autre et l'acceptation des différences » et intégrer « une réflexion sur les dimensions affectives, culturelles et éthiques de la sexualité ». Le portail Éduscol du ministère de l'Éducation nationale est exemplaire en la matière, tant dans la détermination des enjeux de l'éducation sexuelle que dans les ressources

thématiques disponibles ou la formation des éducateurs. Cette formation ou information, forcément disparate en fonction des établissements où elle est dispensée, a un impact positif sur la prévention des IST, des grossesses précoces, sur une culture de l'égalité et plus généralement sur la connaissance de soi. Son influence sur la sexualité est plus difficile à juger, d'autant plus que l'objectif de cet enseignement parallèle n'est pas une initiation à la sexualité. Celle-ci ne relève pas de l'école, et puisque l'interdiction de l'accès à la pornographie est illusoire, on devrait réfléchir à une « formation à la pornographie », permettant aux enfants et adolescents de mieux en dissocier les images de la vie réelle.

Revenons aux coïts. Le mot, au pluriel, a sa place ici, car la médecine l'a récupéré pour qualifier plusieurs pratiques volontaires ou non, lors d'un rapport sexuel. Ce sont les *coïtus captivus, interruptus* et *reservatus.* Pluriel encore car le coït est vaginal, anal ou buccal ; les chapitres « La sodomie » et « La fellation » sont consacrés à ces deux derniers. Pluriel enfin, car il y a la ou les premières et dernières fois, objets de toutes les angoisses ou de toutes les résignations. Commençons par la « leçon inaugurale » !

## *Une « grande » première*

« Une première fois, un peu comme le toit du monde », dit la chanson. J'y viens après la longue digression précédente. Je ne m'adresse qu'aux garçons, futurs candidats à cet Everest de l'amour. Cette grande première à laquelle vous vous êtes préparé et à laquelle vous n'échapperez normalement pas. Celle que vous avez imaginée dix fois et qui ne se passera jamais comme dans vos scénarios. Allez-y avec autant d'enthousiasme que de peur au ventre et ne vous attendez pas à grand-chose, ça n'en sera que plus réussi. Que votre partenaire soit aussi intimidée que vous, et vous rirez de toutes vos maladresses. Qu'elle soit plus expérimentée et, sauf de la part d'une sotte, on n'a jamais vu se moquer d'une panne, d'une débandaison inopinée ou d'une perte de contrôle par excès d'excitation. Surtout, arrêtez de lire sur le sujet, de prendre conseil, d'attendre d'être amoureux et de réviser par images interposées. Écoutez votre cœur, vos envies, celles de votre partenaire, trouvez un endroit isolé, calme et douillet, soyez respectueux et... gentil !

## *Épectase et autres dernières fois*

Traitant de la première fois, il me semble logique de parler de *la dernière fois*, avec cette part d'angoisse qui agite peut-être bon nombre de seniors. On peut imaginer plusieurs cas de figure.

Les statistiques n'existent pas, mais les cas de mort subite après un orgasme ne sont sûrement pas rares, car l'effort est violent et peut mettre à rude épreuve un cœur fatigué ou une aorte abdominale laminée qui n'attend que cette surpression pour céder. Grâce au *Canard enchaîné*, on s'accorde à donner à cette mort le nom d'« épectase ». Ce qui à l'origine désignait la béatitude des chrétiens élus au paradis a pris un nouveau sens en 1974, à la mort du cardinal Daniélou dans les bras d'une dame de petite vertu ! Dans son hommage au cardinal, le père Tilliette déclara que c'est « dans l'épectase de l'apôtre qu'il est allé à la rencontre du Dieu Vivant ».

Plus préoccupant, si l'on peut dire, est le cas de l'homme âgé qui perd sa compagne, alors qu'il est toujours actif sexuellement et que l'andropause (ou le chagrin !) n'a pas entamé définitivement sa libido. Le sujet, celui plus général de la sexualité des seniors, est de moins en moins tabou et nourrit tant une riche littérature que la création de nombreux sites de rencontres, éphémères ou durables, réservés aux seniors. C'est heureux, et chacun a la liberté, sans nuire à autrui, de s'informer et d'assumer sa sexualité à son idée. Quoi qu'il en soit, sous réserve de quelques précautions, tous les chercheurs s'accordent à dire qu'il n'y a pas d'âge pour réinventer sa vie amoureuse et sexuelle. Débarrassée d'une sexualité de la performance, n'ayant plus l'orgasme à tout prix comme objectif, nourri d'une longue expérience, cette sexualité « apaisée », par la stimulation hormonale qu'elle provoque, a des effets bénéfiques pour la santé qui ralentissent peut-être le vieillissement.

Certains hurluberlus aiment bien se distinguer en prenant le contre-pied de l'immense majorité de la communauté scientifique. À l'image des climato-sceptiques, on trouve de rares sexo-sceptiques qui préconisent l'arrêt des rapports sexuels, même pour l'adulte jeune, afin de lutter contre le vieillissement. Je me garderais bien de révéler le nom de ces censeurs que je renvoie à leurs certitudes, leur ennui et leur frustration. On ne dira jamais assez les bienfaits d'une sexualité heureuse sur la santé mentale et physique, et la nécessité de ne pas laisser s'installer des dysfonctionnements qui ne sont qu'exceptionnellement définitifs.

## *Coïtus interruptus*

Consistant pour l'homme à se retirer volontairement du vagin à l'approche de son orgasme et à éjaculer sur et non dans sa partenaire, le *coïtus interruptus* a pu être prôné comme méthode contraceptive. En réalité, il n'a que des inconvénients. Il n'est pas rare qu'un peu de sperme entre en contact avec le vagin ou la vulve, suffisant pour être fécondant. Il ne protège en rien des IST et, enfin, il est extrêmement frustrant pour les deux partenaires. En revanche, il peut permettre, s'il n'est que momentané, de bloquer chez l'homme la montée vers l'orgasme, sachant toutefois que, sans se désunir, l'absence de mouvements des deux partenaires suffit à provoquer un effet retardateur, plus satisfaisant pour la femme qui garde en elle l'objet de son désir.

## *Coïtus captivus*

Qui, des soignants, a vu arriver en service de garde un couple victime de cet heureusement rarissime *coïtus captivus* s'en souvient toute sa vie ! Les amants sont bloqués l'un contre l'autre, ou plutôt l'un dans l'autre, dans la position où ils viennent de faire l'amour. Ils n'ont pas mal, mais un spasme vaginal incontrôlé retient le pénis au fond du vagin. On a pu montrer que les responsables sont les faisceaux antérieurs et internes du puissant muscle releveur de l'anus ; la libération des malheureux « incarcérés » se fait en « accouchant » le pénis par le biais d'un toucher rectal chez la femme.

Chez les chiens, au sexe en forme de bouchon de champagne, le phénomène est fréquent, mais il serait stupide d'en tirer une quelconque analogie avec l'homme.

## *Coïtus reservatus*

Il demande à l'homme une certaine expérience et la capacité de retenir son éjaculation sans se désunir de sa partenaire. Il paraît que c'est une technique ancienne (Chine et Inde), ayant des vertus contraceptives. On aurait tort de s'y essayer dans cette perspective, avec les mêmes craintes d'échec que le *coïtus interruptus*. En revanche, il peut permettre de « vivre » l'orgasme de sa partenaire sans être accaparé par sa propre jouissance et de tenter de lui en offrir un autre sans s'être jamais séparés.

## Éloge de la branlette

*Hé ! Ne te moque pas de la masturbation !*
*C'est faire l'amour avec quelqu'un qu'on aime.*
Woody Allen, *Annie Hall,* 1977

Le chapitre sur l'érection offre une transition toute faite à une pratique, bien naturelle, commune aux hommes et aux femmes, la masturbation. Mais ne voyez pas de vulgarité dans l'emploi du mot « branlette » ; il se justifie ici car elle évoque en priorité la masturbation masculine. Et Philip Roth ne m'aurait pas contredit, lui qui intitula le deuxième chapitre de *Portnoy et son complexe* : « La branlette » ! Dans ce chapitre, je n'aborde que la pratique solitaire, sachant bien sûr que la masturbation fait aussi partie des ébats sexuels. Quand nos besoins sexuels sont plus importants que les opportunités de les assouvir, la masturbation est le moyen le plus simple, ne nuisant pas à autrui (en dehors des exhibitionnistes !), n'entraînant aucune maladie et surtout gratuit, de libérer le cerveau des pensées érotiques qui l'assaillent, et de désengorger la prostate par la même occasion ! L'art d'être à la fois un travailleur du sexe et son propre client ! Chez quelques mammifères proches de nous génétiquement, cette pratique se limite souvent à un vague tripotage. Moins civilisés que nous, ils ne se posent pas la question de la disponibilité ou non d'une femelle de passage ; ils prennent. À bien y réfléchir, les hommes qui agissent de même ne sont pas rares, ce qui justifie tout à fait certains hashtags (#) d'actualité.

Le visionnage de photos ou de films pornographiques, augmenté d'un va-et-vient manuel autour du pénis[1] et/ou de caresses sur une zone érogène[2] que l'on a repérée, fournit la ration de stimuli évoqués plus haut, avec les mêmes conséquences neurologiques et hormonales sur l'érection et l'éjaculation. Mais que cela est pauvre en imagination[3] ! Alors que, chez la plupart d'entre nous, le cerveau recèle des trésors de moments ressources érotisants qu'il est facile de réactiver ! Là encore, c'est gratuit, discret, sans

1. On trouve dans le commerce quantité d'objets dédiés à la masturbation masculine, depuis les vagins artificiels, les masturbateurs électriques jusqu'aux poupées gonflables. Il existe aussi des gants de toilette, des rouleaux de Sopalin et de délicieuses huiles de massage qui sont les moins chers de tous les sextoys !

2. L'anus, par exemple, est une zone très innervée et par conséquent à fort potentiel érogène, chez l'homme comme chez la femme. Sa stimulation manuelle peut être, soit complémentaire d'une masturbation classique, soit la seule source d'un plaisir solitaire. Des objets spécifiques ont été mis au point, tels que les rosebuds ou les plugs anaux, mais dans le domaine de l'excitation ano-prostato-rectale artificielle, l'imagination des adeptes n'a pas de limites. Conseil de chirurgien : veillez en fin de séance à nettoyer et ranger vos accessoires et à ne pas en oublier dans le rectum. Si leur passage en revue fait le bonheur des soirées en salle de garde, leur extraction, cette fois-ci, n'est pas une partie de plaisir pour le patient.

3. Sauf à lire *Le Sympathisant* (de Viet Thanh Nguyen, 10/18, 2018) et à découvrir l'usage masturbatoire d'un calamar : de la littérature jouissive !

cookies, et laisse les deux mains libres. Il suffit de s'allonger, de fermer les yeux et de se raconter une histoire vécue, embellie ou non par notre pensée, ou totalement imaginaire, reflet de nos fantasmes sexuels les plus émoustillants. Comme dans un rapport à deux, les préliminaires sont importants. Ne lui enlevez pas sa culotte trop vite ! Prenez le temps de la drague, des baisers qui s'éternisent, des paroles coquines et doucement énervantes. La masturbation est le meilleur moyen de s'entraîner pour aboutir à un contrôle du moment de l'éjaculation, clé de voûte de futurs rapports à deux harmonieux. Il se fait en arrêtant toute stimulation manuelle, en chassant les images à connotation sexuelle, en contractant le sphincter anal et en sentant, en pleine conscience, refluer cette vague de désir annonçant l'orgasme. Une pause s'impose avant de reprendre l'exercice, bien décidé maintenant à mettre en pratique cette technique dans les futurs ébats à deux. La masturbation féminine devrait nous inspirer ; elle se passe très souvent d'images photo déclencheuses, la stimulation des zones érogènes et l'érotisation des pensées étant suffisantes pour provoquer un désir que les femmes amènent plus ou moins vite à l'orgasme.

Suivant l'âge, la masturbation a d'autres avantages que de se préparer à un rapport plus maîtrisé. Les échographistes ont l'habitude d'observer des érections *in utero* dès le sixième mois de grossesse ! Elle peut être complétée par un contact oral et une véritable succion, un geste que, à part quelques contorsionnistes, peu d'entre nous sont capables de reproduire à l'âge adulte. Freud aurait été intrigué d'apprendre qu'on peut assister chez le fœtus à des équivalents d'orgasme à la fin de ces séances d'autocaresses répétées. Il aurait peut-être ajouté un stade fœtal aux stades oral, anal et génital de l'évolution affective du bébé humain. Et révisé son jugement sur la masturbation clitoridienne qui, selon lui, n'était qu'une étape vers une jouissance qui devait être exclusivement vaginale.

En réalité, ce besoin de plaisirs onanistes nous accompagne toute notre vie, et seuls des interdits culturels, voire des persécutions et d'épouvantables objets de torture, ont depuis longtemps tenté de mettre un frein à ces pratiques, mais au prix d'apparition de graves désordres psychologiques qui condamnent définitivement les défenseurs de ces interdits.

De même qu'on serait bien en peine d'empêcher un fœtus de se masturber, laissons les tout jeunes garçons et filles se tripoter gaillardement le zizi ou le clito. Il est fort probable que certaines crises d'agitation chez les nourrissons ne soient rien d'autre que des séances d'autoexcitation engendrées par le frottement des membres et des couches sur les organes génitaux. Dès les premières années de vie, ce sont des activités autoérotiques qui vont construire le potentiel affectif des enfants. Le sexe des garçons, parce qu'il est apparent, est vite un objet de curiosité pour son propriétaire. Les petites filles, moins portées à la masturbation, se contentent plus souvent de caresses et de vagues explorations d'un sexe qui ne se voit pas.

À l'adolescence, là encore, la masturbation, individuelle ou en groupe, est un des facteurs du développement de la sexualité qu'il est inutile et même dangereux d'interdire. Enfin, à l'âge adulte, nous avons vu plus haut les vertus de la branlette ; rappelons que, chez les seniors, si les rapports sexuels deviennent espacés, elle permet de désengorger la prostate dont la tumescence est à l'origine de troubles mictionnels, de prostatite, d'adénome et de lésions susceptibles d'évoluer vers un cancer. Je peux même affirmer, mais je ne trahirai pas mes sources, qu'on se branle dans l'espace, ce qui est plus discret et tout aussi efficace pour la santé prostatique des astronautes qu'un coït cosmique dont on n'a jamais rapporté formellement l'expérience à ce jour.

Après de longues recherches, je suis en mesure de révéler pourquoi les plugs anaux s'appellent des « rosebuds ». On a pu croire que c'est en rapport avec l'expression argotique « faire feuille de rose », voulant dire lécher l'anus, sachant que *rosebud* se traduit par « bourgeon de rose ». Il n'en est rien ! En réalité, « Rosebud » est le dernier mot énigmatique prononcé par Charles Foster Kane dans le film *Citizen Kane* d'Orson Wells. En même temps qu'il meurt, Kane laisse échapper de sa main une boule à neige. Or le corps étranger le plus connu de l'histoire de la chirurgie proctologique, trouvé dans un rectum, est une de ces boules qu'il faut retourner pour donner l'illusion de la neige qui tombe. L'anecdote veut qu'un étudiant fut chargé de regarder dans le rectoscope mis en place chez le patient qui n'avait pu extraire de lui-même la boule qu'il s'était introduite dans le rectum. On s'amuse comme on peut ! L'étape diagnostique prit la forme du dialogue suivant entre l'étudiant en médecine et son professeur :

- Qu'est-ce que vous voyez ?
- Une boule, monsieur !
- Et c'est tout ?
- Non, je vois aussi la tour Eiffel !
- Ah bon ?
- Oui, et même qu'il neige !

## Prenons position

Doit-on s'étendre sur le sujet ?

Cette question n'est pas relative à une manière de faire l'amour, mais à l'intérêt de passer en revue l'univers varié des positions de l'amour. De nombreux ouvrages et sites Internet rivalisent d'inspiration pour dire à peu près tous la même chose, seul l'éventuel brio d'un dessinateur étant capable d'apporter un peu de nouveauté dans ces répétitions sans fin. En revanche, la littérature érotique, quand elle est talentueuse, stimule notre imagination et porte aux rêves ou aux fantasmes mieux que des descriptions trop anatomo-cliniques. Car voilà bien le charme : croire, après avoir expérimenté les techniques les plus décrites, que l'on vient de découvrir une position nulle part répertoriée. Cela justifie d'expérimenter sans tabou, avec une partenaire engagée dans la même quête, toutes les manières de s'envoyer en l'air, en gravissant le Kilimandjaro du plaisir à deux.

Mais redescendons sur Terre ! Rien n'est plus agréable que de tester de nouvelles positions dans une joyeuse complicité. On essaye, on tâtonne, on fusionne, on se désunit, on rit et on recommence. Et si l'expérience *in situ* ne suffit pas, ou si vous ressentez le besoin de vous documenter, lisez le Kamasutra (VIe siècle). Ce merveilleux recueil hindou nous enseigne 64 positions, une centaine avec les variantes, bien plus que tout ce que nous pouvons déguster dans une vie amoureuse. Et l'on aurait tort de réduire cet ouvrage au seul aspect de la vie sexuelle ; c'est aussi un traité riche de conseils sur le comportement en couple et en société, un traité encore d'actualité par bien des aspects.

Quant à moi, en tentant d'apporter ma pierre à l'édifice, j'éviterai autant que possible les redites inutiles, en commentant deux ou trois positions qui doivent représenter – les statistiques fiables n'existent pas – l'essentiel des manières de s'accoupler dans le monde entier.

La position du missionnaire est sans doute la plus répandue. Parle-t-on de missionnaires chrétiens ou de diplomates en mission ? L'histoire ne le dit pas ! Quoi qu'il en soit, l'histoire, ou la légende, veut que la façon de faire l'amour de ces missionnaires ait intrigué des habitants des îles Trobriand, dans le Pacifique, qui auraient qualifié ainsi ce chevauchement en face à face de la femme par l'homme. On peut aussi dire « faire l'amour à-la-papa » (ou « à-la-grand-papa ») ; ce n'est pas très romantique mais plus religieusement correct. À part les bonobos et quelques mammifères marins, nous sommes les seuls à pratiquer de cette manière. Elle est même spontanée chez les débutants, les jambes écartées de la partenaire étant une invite irrésistible pour le jeune mâle aussi timide que conquérant. Et répétitive chez les vieux couples, quand l'habitude a tué l'imagination. Mais n'en nions pas les avantages, sauf celui de favoriser la fécondation grâce à une prétendue pénétration profonde ; aucune étude sérieuse ne cautionne une telle information. En revanche, échange de regards, observation des corps, autostimulation du clitoris, dissimulation possible des visages et baisers dans la nuque au moment de l'orgasme sont des atouts de cette position, prélude, de plus, à des variantes amusantes enrichissant le jeu sexuel. Pour n'en citer qu'une, passer du « à-la-papa » à la « levrette » sans se désunir est une gymnastique réjouissante que l'on peut savourer jusqu'aux premiers signes de coxarthrose (arthrose de la hanche !).

Faut-il insister sur la levrette ? Pour mémoire, la femme est à genoux, le corps horizontal ou penché en avant, la face sur l'oreiller (ou la nappe de pique-nique ou la banquette de la voiture ou ce que vous voulez !). L'homme, lui aussi à genoux, se positionne derrière sa partenaire, le vagin (ou le rectum) se retrouvant à hauteur du pénis (sinon, on s'adapte). Les atouts de cette position ne font pas de doute : pénétration profonde, vaginale ou anale, vue érotique pour l'homme, caresse de sa partenaire et en particulier du clitoris. Mais, on en dit aussi beaucoup de bêtises. Notamment qu'elle permettrait de mieux stimuler le point G de la femme. Le problème est que l'on ne sait quasiment rien de ce point qui fait tant fantasmer. Ce n'est pas un organe individualisé ni même une zone, évoquée en avant du vagin, présentant une structure tissulaire particulière. Il est fort probable qu'on le confonde avec le clitoris, à moins qu'il ne s'agisse des glandes dites « de Skene », situées de chaque côté de l'urètre. Pour en revenir à la levrette[1], évoquant la femelle du lévrier, et aux autres noms animaliers qu'on lui donne dans le monde (« comme les brebis », en italien, « position du chien », en anglais et même « congrès de la vache », dans le Kamasutra), elle demande beaucoup de douceur et de complicité amoureuse de la part de l'homme ; un homme qui se retrouve dans une position dominante, néandertalienne, voire une posture héroïque, ignorant d'éventuelles grimaces de déplaisir, ou de souffrance, de sa partenaire ; un mâle trop occupé à actionner une croupe offerte ou à lâcher les mains, étonné lui-même de sa propre performance. La levrette peut être jouissive, elle peut être aussi brutale, et malgré tout agréable, si

1. Si vous voulez en déguster une sans vous faire mal aux genoux, aller à Charmes, dans les Vosges, c'est la spécialité chocolatière du coin.

elle est acceptée ainsi par les deux partenaires. Dans le cas contraire, on n'insistera jamais assez sur l'attention et même la gentillesse présidant à des rapports sexuels qui doivent être des rapports partagés et non de force[1]. Enfin, si, fatigués d'être à genoux, vous vous allongez tous les deux sans vous désunir, vous vous retrouvez dans la position dite « du Flatiron », du nom d'un célèbre gratte-ciel new-yorkais, de coupe triangulaire, situé à l'union de la 32e Rue et de la 5e Avenue, face au Madison Square Garden. Mais je ne vois pas le rapport, c'est le cas de le dire.

Une autre variante de la position « à-la-papa » mérite d'être essayée si la curiosité ne vous y a pas encore poussé. Elle se pratique depuis la nuit des temps mais a été décrite pour la première fois par un psychothérapeute, Edward Eichel, sous le nom de Coital Alignment Technique (CAT). D'où son nom abusivement francisé de « position du chat » : je n'ai jamais vu deux chats dans cette position ! Elle consiste, après pénétration à la missionnaire ou simplement en coinçant son sexe dans les grandes lèvres de sa partenaire, et en restant couché sur elle, à écarter les jambes tandis qu'elle les resserre. On comprend que, dans cette position, les mouvements sont réduits mais que le frottement des sexes l'un contre l'autre puisse être excitant, notamment pour le clitoris caressé par la racine du pénis et le pubis. En réalité, le mouvement consiste à glisser sur sa partenaire dans un va-et-vient horizontal ; lécher le visage, sucer le lobe de l'oreille ou chuchoter des mots doux augmentent

1. Les rapports sado-masochistes sont des rapports souvent brutaux mais dans lesquels les deux (ou plus !) partenaires sont consentants. C'est à cette seule condition qu'ils sont acceptables !

d'autant le plaisir offert par cette caresse intime des corps.

Je vous renvoie aux ouvrages spécialisés pour découvrir la grande variété des positions de l'amour. Ou, mieux, à votre imagination !

## La contraception

En France, une loi de 1920 interdisait toute contraception et toute information sur celle-ci. Repeupler le pays au sortir de la guerre devait être l'argument principal avancé. On ne dira jamais assez le rôle du « Mouvement français pour le planning familial », créé en 1960 (issu de la « Maternité heureuse », créée en 1956), dans la défense de la contraception, mais aussi le droit à l'avortement et l'éducation à la sexualité. Néanmoins, la loi Neuwirth (Lucien Neuwirth, 1924-2013) légalisant la contraception orale ne fut promulguée que le 28 décembre 1967. La première pilule contraceptive avait été commercialisée en Allemagne fédérale en 1956. En France, elle fut remboursée en 1974, un an avant la loi Veil sur la dépénalisation de l'avortement. Cinquante ans après la loi Neuwirth, qu'en est-il de la contraception… masculine ? Pour l'essentiel, elle n'est pas une initiative personnelle. C'est une affaire de couple, se résumant au préservatif et au retrait, connu sous la dénomination latine évoquant son ancienneté : *coïtus interruptus* (voir p. 111). J'aurais pu, ici, développer l'intérêt du préservatif masculin et ses limites en matière de contraception, les ruptures ou les mauvaises utilisations n'étant pas rares. Je le fais au chapitre sur les IST, p. 180.

Les trois autres méthodes, n'impliquant que l'homme, restent confidentielles, malgré les efforts de l'« Association pour la recherche et le développement de la contraception masculine » (Ardecom) pour les promouvoir. Il s'agit de la contraception hormonale masculine (CHM), de la contraception masculine thermique (CMT) et de la vasectomie. On pourrait penser que notre désir de partager avec nos compagnes cette responsabilité de couple et que notre envie de leur éviter tous les incidents ou accidents des nombreux dispositifs et méthodes de contraception féminine nous motiveraient à adopter ces techniques modernes de contraception masculine. Il n'en est rien ou presque, en tout cas dans notre beau pays qui s'honore pourtant d'être parmi les rares à avoir un secrétariat d'État chargé de l'égalité entre les femmes et les hommes. À notre décharge (si on peut dire !), s'il y a des comportements qui ne se décrètent pas par la loi, nous sommes loin d'avoir tous les torts car les méthodes proposées présentent des contraintes peu engageantes. D'autre part, la recherche et les laboratoires pharmaceutiques ne se sont guère bousculés pour trouver des « pilules pour homme » simples d'emploi et bien tolérées, alors que les sondages montrent que nous y sommes favorables dans une large proportion. Quand ils ne freinent pas des quatre fers, voyant dans ces innovations possibles un danger pour la part de marché des pilules pour femmes. Il y a pourtant une logique implacable à développer la pilule masculine. La pilule pour femme, de prise quotidienne (ou vingt et un jours par cycle) est destinée à enrayer une ovulation ne durant que quatre à six jours, alors que le pouvoir fécondant des spermatozoïdes de l'homme est ininterrompu, jour après jour, de la fin de la puberté à la fin de notre vie (en théorie !). Voyons en détail ce que nous avons à notre disposition pour partager avec les femmes cette contrainte, sans trop nous étendre sur les effets secondaires, car ce qu'on propose aux femmes est loin d'en être exempt.

## *La contraception hormonale masculine*

Pour l'instant, la seule de ce type sur le marché est représentée par une hormone, l'énanthate de testostérone (ET). Réservée aux hommes de 25 à 45 ans n'ayant pas d'antécédents médicaux (cardiaque, hépatique, psychiatrique, diabète, cholestérol, obésité, tabac, etc.), elle consiste en une injection intramusculaire (IM) profonde, hebdomadaire, pendant dix-huit mois maximum. Il faut trois mois avant que le sperme ne soit plus fécondant et autant pour un retour à la normale après l'arrêt des injections. La tolérance semble bonne.

## *La contraception masculine thermique*

C'est plus folklo, mais paraît-il efficace. Si vous vous rappelez l'influence d'une température trop élevée sur la fertilité, vous ne serez pas étonné que l'on ait inventé des slips chauffants (Roger Mieusset, Centre de stérilité masculine, CHU-hôpital Paule-de-Viguier de Toulouse). Le principe est simple et anodin ; on passe la verge à travers un trou, on se remonte les testicules à la main au niveau de l'orifice externe du canal inguinal, et on laisse le slip les maintenir ainsi, haut dans l'aine et au chaud (+ 2 °C par rapport aux bourses). En six à douze mois, on est infertile (1 à 3 millions de spermatozoïdes par ml au lieu de 15 millions en moyenne). La méthode est réversible et plutôt sympa, non ? Une seule contrainte, il faut le garder sept jours sur sept jours, quinze heures par jour (le soutien-gorge aussi ?). Donc en posséder au moins deux ou trois, suivant l'hygiène du porteur. Je pose une question : à quand le « vrai » slip chauffant, équipé de piles ion-lithium et de résistances, sonnant quand on doit l'enlever, enregistrant tous nos désordres urino-prostatiques et connecté avec notre médecin référent ?

## *La vasectomie*

Contrairement aux idées reçues et à l'occlusion tubaire chez la femme, la vasectomie, c'est-à-dire la section des canaux déférents, peut être réversible, mais la conservation des spermatozoïdes, prélevés avant l'intervention, est recommandée. C'est une méthode simple, la plus économique de toutes, très efficace et pratiquée en ambulatoire sous anesthésie locale. À condition qu'elle soit pratiquée par un homme de l'art, ses complications, rares et jamais graves, sont locales à type d'ecchymoses, d'hématomes, de congestion épididymaire et d'infections banales. Il n'est pas rapporté de retentissement sur la sexualité. Pourquoi ne rencontre-t-elle pas plus de succès en France, et dans le monde ? Mystère ! Probablement en raison de l'atteinte, même minime, à l'intégrité masculine dans ce qu'elle a de plus personnel. Tout aussi sûrement parce que la réversibilité par vasovasostomie n'est jamais garantie.

## *C'est tout ?*

Non ! Même si l'Ardecom n'en dit pas un mot sur son site ! Mais rien n'empêche d'être curieux. Il existe au moins deux méthodes qui, sous réserve d'expérimentations plus larges qu'actuellement, pourraient être prometteuses.

Un traitement connu sous le nom de Reversible Inhibition of Sperm Under Guidance (RISUG), inventé par un ingénieur biomédical indien, Sujoy Guha. Il consiste en une injection unique intrascrotale d'un gel paralysant des spermatozoïdes, aux effets réversibles. Il semble n'y avoir ni effets secondaires graves ni retentissement sur la vie sexuelle. L'autre progrès concerne une pilule à prise quotidienne, le DMAU (diméthandrolone undécanoate) qui supplante par sa bonne tolérance les pilules à base de testostérone orale, jusqu'alors testées. L'avenir nous dira ce qu'on peut attendre de ces méthodes.

Le syndrome des *balles bleues*

Survenant en dehors de tout traumatisme, il s'agit d'une sensation douloureuse au niveau des bourses, à type de pesanteur, plus souvent bilatérale, que tous les hommes ont vécu. Elle est due à une tension anormale intratesticulaire à la suite d'une excitation sexuelle, productrice d'une certaine quantité de liquide spermatique qui n'a pas été évacuée. En clair, on enclenche un processus de fabrication de sperme, mais, pour des raisons variées que je vous laisse imaginer, il n'est pas suivi d'orgasme ni d'éjaculation. On comprend facilement que l'engorgement de la tuyauterie, à commencer par le réseau épididymaire, puisse provoquer une tension douloureuse assez diffuse, irradiant parfois dans tout le bas-ventre. Le traitement est simple : une bonne branlette, pour reprendre le titre d'un chapitre précédent ! Cette affection semble plus connue outre-Atlantique, prenant alors le nom de « *blue balls* », mais n'en tirons pas des conclusions trop hâtives. Quant à la couleur bleue, elle ne correspond à aucun signe clinique associé à l'engorgement des testicules, pas plus que dans l'appellation argotique d'une jeune recrue, à l'étymologie incertaine : le « bleu bite » !

## La fellation

« Annie aime les sucettes / Les sucettes à l'anis
Les sucettes à l'anis / D'Annie
Donnent à ses baisers / Un goût anisé lorsque
le sucre d'orge / Parfumé à l'anis
Coule dans la gorge d'Annie / Elle est au paradis »

« Les sucettes », Serge Gainsbourg

Taper le mot « fellation » dans le moteur de recherche des sites de librairie en ligne donne accès à une production littéraire (disons une production de papier) impressionnante. Je croyais qu'en deux ou trois pages, quelques annexes et une courte bibliographie, une bonne encyclopédie pouvait décrire l'essentiel de cette pratique, certes largement répandue. Naïf que je suis ; pourtant, cela ne m'a pas donné l'envie de lire un ouvrage de 250 pages sur ce seul sujet. Ni d'aller découvrir en images les exploits des « spécialistes » de la chose. Non pas par pudibonderie, mais parce que je pense que la pire des évolutions sexuelles de nos sociétés est de vouloir faire de nous des techniciens ou des consommateurs d'objets et de produits de l'amour. Vous avez un pénis, votre partenaire une bouche, vous êtes des êtres sains de corps et d'esprit, vous vous aimez d'amour ou vous avez seulement envie l'un de l'autre : vous avez donc tout ce qu'il faut pour vous essayer à la fellation, ou pour y trouver de plus en plus de plaisir, si vous avez déjà expérimenté la chose.

Je m'exprime ici en médecin, mais aussi en amoureux de l'amour, sous toutes ses formes, pourvu qu'on y trouve du plaisir, et du plaisir à donner du plaisir. Si vous avez lu le passage sur le prépuce et son extraordinaire innervation sensitive, vous avez compris qu'il est potentiellement la zone la plus érogène de l'appareil génital masculin. On imagine facilement que des lèvres et une langue ont *a priori* plus d'agilité que des petites lèvres et un vagin pour stimuler ces quelques grammes de peau si précieux pour notre sexualité. Enfin, si, pour vous, comme cela est fréquent, la vue au plus près de la chatte et du petit trou de balle de votre partenaire est le stimulus visuel le plus excitant de tous, la fellation est une des rares positions de l'amour capable de vous offrir le plus charmant de tous les panoramas. Comment ? Il suffit de s'adonner en même temps à un cunnilingus (l'anulingus a ses adeptes) : il a aussi l'avantage de vous inviter au bouquet des saveurs et au banquet des senteurs. Associés, fellation et cunnilingus nous ont fait danser sur une des plus belles chansons de 1969, une année particulièrement érotique !

Voilà un plaisir partagé. Il doit l'être, car la timidité, les préjugés, la peur parfois de choquer ou de mal faire gênent l'un ou l'autre des partenaires. La fellation ne s'apprend pas dans les livres ou les films. Elle est affaire de douceur, et de dialogue, jusqu'au moment où il devient difficile de parler ! Les mots et les hésitations charmantes participent à l'excitation et à l'amusement. Le consentement mutuel – je ne parle pas de signer un contrat ! – évite de tomber dans ces séances où l'homme conquérant, la main accompagnant une nuque dans son va-et-vient, attend d'une femme, à genoux et impatiente d'en finir, qu'elle lui procure son dû sous forme d'un plaisir purement solitaire (un peu de vocabulaire au passage : l'« irrumation » désigne une fellation où c'est l'homme qui imprime le mouvement de va-et-vient).

À bien y réfléchir, mettre dans sa bouche un sexe d'homme, cet organe qui nous sert avant tout à pisser, est quelque chose d'*a priori* peu ragoûtant. Il faut sûrement beaucoup d'amour, de curiosité et de confiance pour y goûter une première fois ; une « grande » première qui peut conditionner l'envie, ou non, de recommencer. J'ajoute que nous ne sommes plus à l'époque d'Henri IV et son attrait pour les viandes fortement faisandées (« Ne vous lavez plus, ma chère, j'arrive dans trois semaines ! »). L'hygiène avant une fellation ou un cunnilingus est bien la moindre des choses, certaines macérations ayant tendance à sentir un peu vite l'œuf pourri. Enfin, elle se révèle une des pratiques amoureuses mettant le plus à l'abri en matière de transmission des infections sexuelles. Celles-ci sont toutefois possibles, tous les germes étant incriminés, même si la preuve formelle de la contamination buccale est bien difficile à apporter. *Dans le doute, tu ne t'abstiendras pas, tu prendras des précautions* ! La moindre des choses est de ne pas accepter (ou réclamer) une fellation (ou tout rapport sexuel) quand on a une infection non traitée. En cas de sida ou d'hépatite C, le préservatif devrait être la règle. Il y en a pour tous les goûts. Quant à la fellatrice (le mot existe, paraît-il !), il est préférable qu'elle ne saigne pas des gencives et qu'elle n'ait pas de lésions buccales, susceptibles d'être des portes d'entrée à des infections évoluant à bas bruit (*chlamydiæ* par exemple), transmises alors par le... pompé[1] (sucé, fellationné ?).

Au chapitre sur le sperme p. 47, j'ai évoqué la composition, le goût et la valeur nutritive du sperme. Homme ou femme, vous vous demandez peut-être s'il faut l'avaler après une fellation ayant abouti à l'éjaculation du partenaire ? Mon avis est simple : faites comme vous le sentez !

## La sodomie

Synonyme de « sodomisé », le mot « enculé », seul ou « de ta mère », « de ta race » ou « de première », est devenu une des injures les plus répandues. Surtout à Marseille, lors des matchs de foot contre le PSG ! Curieusement, il ne s'adresse qu'aux hommes, se prononçant à tort et à travers, perdant de fait sa connotation homophobe, alors que « pédé » reste méprisant pour les homosexuels, dans tous les cas. Quoi qu'il en soit, il fait preuve de peu d'imagination, donnant de la sodomie une image dégradante,

1. En pensant bien sûr à Georges Clemenceau qui avait dit à propos de Félix Faure, mort le 16 février 1899 dans les bras de sa maîtresse Marguerite Steinheil : « Il voulait être César, il a fini Pompée. »

assimilant son soi-disant adepte à un vicieux, un pervers, un faible ou un soumis. « Enculé » désigne parfois un emmerdeur, ce qui peut sembler logique, de même que le mot « enculeur » (de mouches, presque exclusivement) est synonyme de pinailleur (pine-ailleurs !). Ah, le génie de la langue française !

Cette digression sémantique souligne le fait que la sodomie relève encore trop souvent du domaine du fantasme ou de la pratique honteuse, contre nature. Pour beaucoup d'hétérosexuels, c'est *caca* ; et c'est stupide de penser ça. Les homosexuels n'ont pas de ces préjugés idiots, et le plaisir qu'ils en tirent est évident. Il suffit de relire le chapitre sur l'innervation de la marge anale et du canal anal pour être convaincu qu'il s'agit d'une zone particulièrement sensible et érogène. Pourquoi s'en priver ? Là comme dans beaucoup d'autres pratiques sexuelles, tout est affaire de dialogue et de complicité, et de quelques précautions élémentaires. Est-il utile de préciser qu'une bonne hygiène locale et un rectum vide sont indispensables ? Ce n'est pas tout ; toute pathologie de la marge anale (voir *Anus horribilis*, p. 206) exclut la sodomie, source alors de douleurs incompatibles avec la pénétration anale. Ce que vous savez ou lirez plus loin sur la prévention des IST s'applique aussi à cette pratique, mais j'ose écrire que, quand un couple se connaît bien, l'usage du préservatif dans la sodomie ne sert à rien. Il ne remplirait même pas son rôle de contraceptif, et pour cause ! Les précautions sont d'un autre ordre. L'envie et la curiosité, surtout pour une première expérience, doivent être partagées. La douceur s'impose et la lubrification avec une huile douce indispensable sauf si toute la zone a été largement « mouillée » par un ou des rapports précédents. Une manœuvre préalable au doigt et avec doigté est bienvenue, et une position en face à face, les jambes de sa partenaire repliées sur le ventre permet à chacun de partager les réactions de l'autre. Enfin, après l'orgasme, on doit se retirer lentement et surtout ne pas enchaîner par une pénétration vaginale sans s'être soigneusement lavé. Goûter au plaisir de la sodomie est le meilleur moyen de supprimer le mot « enculé » de son vocabulaire injurieux, dont on ne soulignera jamais assez la vulgarité et l'origine homophobe.

La langue française recèle des curiosités sans fin. Ainsi, à propos des injures à connotations sexuelles ; « enculé » est construit sur *in-culus* (fesse en latin), et n'a donc rien de spécifiquement masculin. Or, on ne dit jamais « enculée » à une femme. En revanche, en argot, le « con » (du latin *cunulus*, canal) désigne le sexe de la femme, mais il a donné les injures *connasse* et *connard* appliquées aux deux sexes. Sachant toutefois que

*[A]ucune femme sur la planète*
*N's'ra jamais plus con que son frère*
*Ni plus fière ni plus malhonnête*
*À part, peut-être, Mme Thatcher*

comme le chantait Renaud...

## D'autres pratiques sexuelles

Je prends la précaution d'écrire « d'autres », afin de laisser la porte ouverte à de nombreuses pratiques que j'ignore ou qui restent à inventer. Quand on voit la diversité des sextoys, de plus en plus connectés, la présence du sexe sur les réseaux sociaux (le sexting), la progression de l'e-sexe, du sexe virtuel et à court terme de l'intelligence artificielle à laquelle le cybersexe n'échappera pas, on se dit que la sexualité humaine n'en est qu'à ses balbutiements. Et je n'ose même pas évoquer les « drogues du sexe », slam ou chemsex, dérives dramatiques, addictives et dangereuses. À moins que tout cela ne soit la conséquence d'une perte ou d'une peur du contact physique humain ; dans l'amour, le plus direct et le plus économique de tous. On y aura gagné quelques joujoux plus ou moins amusants. En revanche, on aura perdu un des grands plaisirs de la vie à deux, se parler les yeux dans les yeux, et plus si affinités. Revue… pas trop de détails !

## Mazophallation

Du grec *mázos*, sein, et *phallós*, pénis en érection, la mazophallation est la mise en jeu de ces deux organes, les seins masturbant la verge. Ou la verge se frottant sur les seins. On l'appelle aussi « cravate de notaire » ou « cravate espagnole », sans qu'il soit possible de trouver l'origine de ces comparaisons ; si l'on en croit les experts, dans le premier cas le pénis est dirigé vers le bas, les bourses faisant office de nœud de cravate, dans la version ibérique, vers le haut ! Faisons-leur confiance. Et, après le succès du Slip français, saluons le génie hexagonal des sieurs Nicolas Claparède et Enguerrand de Willecot de Rincquesen, dit « Gougoutte » (par ses coéquipiers rugbymen), qui s'apprêtent à mettre sur le marché un soutien-gorge, français, permettant la mazophallation sans les mains !

## *Biffle*

Vous avez une bite, votre partenaire aime les gifles ? Foutez-lui une gentille paire de biffles ! Il n'y a pas de petites joies, quand on aime.

## *Autofellation*

Vous êtes nostalgique de votre vie fœtale où vous étiez si souple, parfois en érection et capable de vous sucer votre tout petit kiki (oui, oui, ça existe) ? Tentez l'autofellation et présentez-vous à « La France a un incroyable talent ». Si c'est seulement pour goûter votre semence, vous pouvez aussi vous branler au-dessus d'un verre ; c'est moins dangereux pour les vertèbres. Il paraît que, sur Internet, la question « Comment se faire une autofellation ? » est plus fréquente que « Comment faire jouir une femme ? ». Une énième preuve d'une société de plus en plus individualiste ?

## *Gorge profonde*

Vous ne vous êtes par remis de la prestation de Linda Lovelace dans *Deep Throat,* le film un peu porno de Gerard Damiano, en 1972 ? Et vous avez rêvé que votre partenaire ait elle aussi un clitoris au fond de la gorge ? La loi ne vous interdit pas de lui proposer cette pratique néanmoins risquée, le but étant d'introduire son pénis le plus profondément possible dans la bouche de sa partenaire, transformée en avaleuse de sabre.

*Deep Throat* fut aussi le surnom de Mark Felt (1913-2008) qui fut la source des deux journalistes ayant révélé l'affaire du Watergate.

## *Voyeurisme, candaulisme, glory hole*

On est tous un peu voyeurs ! Si, quand on ralentit sans raison pour regarder une voiture accidentée de l'autre côté de la route. Si la pratique devient plus systématique et a pour unique objet d'éprouver de la jouissance à observer l'intimité d'une ou plusieurs personnes, cela s'appelle du voyeurisme. Cela va du miroir au bout de la chaussure[1] qui traîne sous la jupe des filles jusqu'aux jumelles à fort grossissement qui explorent une plage de nudistes. Il existe quelques variantes où les stimuli visuels sont prédominants dans la recherche du plaisir : c'est le cas du candaulisme, où l'on savoure la vision de sa partenaire dans les bras d'un ou de plusieurs autres, et du *glory hole*, où l'on fait un trou dans le mur pour regarder ce qui se passe de l'autre côté, ou pour y mettre sa bite, je ne suis pas sûr d'avoir compris !

## *Échangisme, triolisme, côte-à-côtisme*

L'échangisme, chez soi ou dans des clubs dédiés à la pratique, consiste à s'échanger les partenaires ; en clair, une partouze ! Le triolisme n'a pas été inventé par Louis Aragon et ne préjuge pas du joyeux mélange : *deux femmes-un homme* ou *deux hommes-une femme*. Quant au côte-à-côtisme, c'est la même ambiance que l'échangisme, sauf qu'on n'échange pas !

---

1. Je pourrais citer le smartphone au bout d'un bras télescopique, mais j'ai peur de donner des idées à quelques dérangés !

## *BDSM (bondage, discipline, sadomasochisme)*

Vous avez des fantasmes, vous ne craignez ni la douleur ni l'humiliation ; elles vous procurent même des sensations érotiques ? Vous êtes peut-être mûr pour le BDSM. Auparavant, lisez bien, plus haut, l'anatomie des organes génitaux ; ils vont être mis à rude épreuve. Le bondage, pour ceux qui découvrent ce terme, est aux rapports sexuels ce que le saucisson de Lyon est à la charcuterie… en plus cochon !

## *Sexe à distance, sexe virtuel*

Votre partenaire est en voyage d'affaires à l'autre bout du monde et vous êtes en train de vous webcamer tous les deux au point de vous enflammer les sens. Allez au bout de vos fantasmes : vous, la quéquette dans un vagin artificiel, elle, un godemiché dans la foufoune (un gode, un dildo ou un olisbos fait l'affaire). Les deux objets étant connectés, vous partagez non seulement la vue, à l'écran, mais aussi les mouvements imprimés aux deux sextoys. Il ne vous manque que la caresse de l'autre, les odeurs de l'amour, les souffles dans le cou, le contact de la peau, les bruits du cœur, les doigts qui courent, quelques cheveux mouillés de transpiration, la chaleur des corps qui se désirent et la douche ensemble. Rien, quoi ! Et il est possible que quelques hackers se délectent de vos exploits, confortablement installés dans une salle de visionnage, au siège d'un grand réseau social.

## *Slow sex*

La dernière grande trouvaille en matière de sexe ! Comme s'il suffisait d'un américanisme pour nous faire croire que le *slow sex* est une nouvelle pratique sexuelle venue d'outre-Atlantique, les champions de l'amour ! Foutaise ou snobisme des psycho-sexologues de salon en mal de scoops sexuels. Et tout ça pour nous conseiller une pratique révolutionnaire de l'amour qui consiste à… prendre son temps. On n'arrête pas d'inventer la roue !

### *Gerbilling*

Après avoir appris que cette pratique consiste à s'introduire un animal – une gerbille en l'occurrence – dans le rectum, *via* un tube, je me suis demandé quelle était l'origine du verbe « gerber » !

### *Hélicobite*

Encore appelée « zizicoptère ». Je ne résiste pas au plaisir de citer cette dernière pratique exhibitionniste qui consiste à imprimer un mouvement circulaire à sa bite, au repos, sans les mains. Suivant la taille de l'engin, j'imagine qu'on simule soit le rotor arrière, soit les pales du rotor principal.

## Quelques paraphilies

Je connaissais la paralittérature, celle des renvois en bas de page, des prières d'insérer, des titres de chapitre, mais je ne connaissais pas le mot « paraphilie » avant de lire *La Blonde en béton.* La littérature policière est une très riche source d'informations sur les activités sexuelles et Michael Connelly un auteur à succès de polars très documentés. Voici comment, dans ce roman, un de ses personnages, grand spécialiste des comportements sexuels, la définit : « Pour utiliser le langage commun, la paraphilie est la manière dont le grand public nomme généralement les perversions sexuelles, les comportements sexuels habituellement considérés comme inacceptables par la société. » En réalité, les troubles paraphiliques apparaissent dans le DSM-5 (répertoire des troubles mentaux), confondus avec les perversions sexuelles. On distingue la perversion de la perversité, notamment narcissique, laquelle « utilise le lien familial, professionnel ou amoureux pour assujettir sa victime chez laquelle il aura perçu de façon intuitive et immédiate les failles ou blessures narcissiques » (Élodie Gallard[1]).

Voici quelques définitions, histoire de savoir de quoi on parle et sachant que tous ces troubles sont de traitement difficile, si tant est que le patient en fasse la demande. Mais la majorité de ces actes, considérés comme délictueux, peuvent faire l'objet d'une condamnation et d'une obligation de soins.

L'exhibitionnisme est le fait d'exposer sa verge à des femmes inconnues, accompagné ou non de masturbation. La peur de la femme est à l'origine de la jouissance du pervers paraphilique qui, en général, ne recherche pas de contact physique. Le fétichisme sexuel consiste à faire naître une excitation sexuelle par le seul contact avec une partie du corps ou un objet. Le fétichisme du pied illustre bien cette perversion qui peut tendre au harcèlement. En dehors de cette dérive, il n'est pas répréhensible par la loi. Le frotteurisme est bien et tristement connu des femmes fréquentant les lignes de métro aux heures d'affluence. Le mot parle de lui-même, et la traque des frotteurs est rendue hasardeuse par la difficulté à les surprendre en flagrant délit. Il s'agit pourtant d'une agression sexuelle

1. www.lareponsedupsy.info/Perversion

traumatisante pour les victimes et passible d'une peine de cinq ans d'emprisonnement. La pédophilie est un trouble mental et un terme qui englobe tous les abus sexuels sur mineurs, garçons ou filles, qu'il s'agisse d'attouchements, de viols ou de consommation de pornographie mettant en scène des enfants. La zoophilie, l'attirance sexuelle pour les animaux, est un vaste sujet d'étude tant elle est répandue dans le monde, n'étant pas toujours considérée comme une perversion ou une pathologie sexuelle. Elle trouve son origine dans des temps où la vie de l'homme était intimement liée à celle des animaux, où l'éveil des adultes à la sexualité a pu être facilité par cette pratique, mais elle a aussi nourri les croyances, les coutumes et la mythologie (naissance du Minotaure). Le satyriasis est confondu avec la nymphomanie, l'actualité ayant regroupé ces termes sous le concept d'hypersexualité. C'est probablement parce que les limites de cette addiction au sexe sont difficiles à déterminer que le trouble n'est pas entré au DSM-5. Il est néanmoins légitime de parler de pathologie ou de perversions quand cette sexualité envahissante déborde du cadre privé et représente une souffrance pour soi et pour autrui.

Le prince Albert inversé !

Que croire dans l'histoire du piercing du prince Albert de Saxe Cobourg-Gotha, époux de la reine Victoria d'Angleterre ? Il portait, paraît-il, un anneau, posé au travers du gland, qui lui servait à plaquer son sexe contre sa jambe. Relié à une ficelle entourant la cuisse, l'anneau le préservait d'érections intempestives qu'aurait trahi en public le port de pantalons serrés, à la mode de l'époque. De nos jours, le « prince Albert », inversé ou non, est le nom d'un des nombreux piercings du pénis aux appellations tout aussi énigmatiques (apadravya, lorum, dydoé, ampalang, etc.) pratiqués pour leurs vertus érotiques ou purement esthétiques.

## Parlez-moi d'amour !

Dans ce chapitre sur la sexualité, les pages ont enchaîné les descriptions, mécanismes et techniques ; oublions-les un instant et finissons sur le mot « amour », cette idée un peu floue, que tant d'adjectifs tentent de préciser. Amour passion, amour fusionnel, amour érotique, amour fou, amour platonique ; que nous disent de plus ces associations sur la place du sexe dans cette quête de l'amour et, pour beaucoup d'entre nous, d'un sens à donner à notre vie ? On a bien essayé de le décrire en termes chimiques ou hormonaux, de le résumer à des échanges d'ocytocine, de dopamine et d'endorphines, rien n'y fait, l'amour reste une notion abstraite et confuse, mise à toutes les sauces du désir sexuel. La preuve, on peut faire l'amour sans aimer l'autre d'amour et on peut continuer à aimer l'autre en ayant perdu l'envie de lui faire l'amour ! Il se heurte surtout aux limites de nos mots, à la représentation individuelle que nous avons de l'amour, née de notre expérience, de nos passions et de nos échecs amoureux.

# C'est grave, docteur ?

Depuis vingt ans, et l'apparition de sites et forums médicaux sur Internet, les consultations médicales ont beaucoup évolué. Il était un temps où une consultation commençait par un : « Docteur, j'ai mal à…, j'ai une rougeur au…, je sens une boule dans… » Aujourd'hui, nous entendons plus souvent : « Docteur, j'ai une bronchite, vous pouvez me prescrire de l'amoxicilline ? Je peux avoir une IRM pour mon arthrose du genou ? Je fais le même zona que ma voisine le mois dernier. » Vous avez compris l'idée, et le message. Le patient n'arrive plus avec des symptômes qu'il décrit, mais des maladies qu'il s'est diagnostiquées, seul ou avec le concours d'un proche ou d'un quelconque forum. Encore quelques années, et nous n'aurons plus qu'à signer l'ordonnance et l'arrêt de travail préécrits ! Cette évolution est alarmante car personne n'y trouve son compte. Ni le patient trop sûr de lui qui risque d'être désavoué par son médecin ni celui-ci qui perd souvent son temps à corriger des informations fausses ou mal assimilées. Dans tous les cas, la confiance, ce pilier de la relation médecin-malade, est entamée.

Dans ce chapitre traitant des pathologies de l'appareil génital, loin de moi l'envie de participer à cette dérive et de vous faire penser que la seule lecture puisse donner les clés d'un diagnostic et du traitement approprié. Par ailleurs, je ne traite que des pathologies les plus fréquentes. Un diagnostic est basé sur un interrogatoire, un examen clinique (observation, palpation, auscultation) et d'éventuels examens complémentaires qui n'ont jamais rien de systématique. Le médecin n'est pas qu'un technicien. Avant tout, il est un homme ou une femme à l'écoute, ce qu'aucune machine ne fera jamais à sa place, et si les examens biologiques et la technologie sont un apport indispensable, il doit être le seul (ou aidé de ses collègues) à décider de leur pertinence, de leur choix, de leur interprétation et des conséquences médicales qui en découlent. Le médecin n'est pas pour autant un gourou, omniscient, mais il doit savoir dire non aux demandes qu'il juge injustifiées ou abusives. C'est l'avenir de cette médecine de proximité et de qualité, que l'on nous enviait, qui est en jeu.

Je raconte plus bas d'où viennent les maladies, à quoi elles ressemblent, brièvement comment on les traite, mais je souhaite que cela ne serve qu'à la culture médicale, à trier le bon grain de l'ivraie des sites Internet, à poser les bonnes questions aux médecins, à prendre certaines décisions en concertation avec lui, et à un peu mieux comprendre ce qu'il peut parfois dissimuler derrière un jargon qui lui appartient.

## L'andropause

Étant d'apparition inévitable chez l'homme de plus de 50 ans, l'andropause inaugure logiquement le chapitre sur les pathologies et désordres sexuels de l'adulte. Encore faut-il savoir de quoi il s'agit ! On va voir que sa définition a évolué depuis la création du terme dans les années 1950 et qu'elle est toujours controversée comme l'est le domaine d'exploration de l'andrologie. La ménopause a une signature, un arrêt brutal et définitif des règles et de la production d'ovules. Tout à l'opposé, l'andropause est un phénomène qui s'installe progressivement, avec une grande variabilité interindividuelle, toujours reliée à un déclin hormonal, la testostérone en ligne de mire.

Le terme « andropause » s'est imposé par sa simplicité et son caractère euphonique avec la ménopause, au point d'être associé, à une époque et bien à tort, à l'arrêt de la fonction sexuelle chez l'homme ; rien que cela ! Pour nous en convaincre, parcourons quelques définitions dans des dictionnaires de référence et tâchons de comprendre ce bouleversement lié au vieillissement. Pour *Le Dictionnaire culturel Le Robert* (2005), expéditif, l'andropause est un « ralentissement ou [une] cessation de la fonction testiculaire chez l'homme, dû à l'âge ». *Le Garnier-Delamare* (2016), référence des dictionnaires médicaux professionnels, étrangement laconique et imprécis, y voit « l'ensemble des manifestations organiques et psychiques survenant chez l'homme entre 50 et 70 ans » ! *Le Dictionnaire médical de l'Académie de médecine* (2016) capitule très vite : « Ce terme impropre aux limites très confuses, construit à partir du féminin ménopause en 1952, ne correspond, contrairement à celle-ci, à aucune réalité physiologique qui ait pu être mise en évidence de façon formelle. » Finalement, l'ISSAM (International Society for the Study of the Aging Male), fondée en 2002, est plus explicite : « syndrome clinique et biologique associé à l'avancée en âge, caractérisé par une diminution anormale et constante des androgènes dans le sérum, avec ou sans diminution de la sensibilité aux androgènes, pouvant induire une altération significative de la qualité de vie et/ou affecter la fonction de plusieurs organes ou systèmes ». On y voit plus clair, mais face aux difficultés à caractériser l'évolution des tableaux cliniques, la communauté scientifique a de plus en plus tendance à utiliser des acronymes (DALA, PADAM, et plus récemment LOH[1]), mettant tous les trois l'accent sur « l'origine du mal », le déficit androgénique lié à l'âge. Enfin, j'ai été intrigué de ne pas trouver le titre « andropause » dans le traité d'andrologie auquel je me suis souvent référé pour écrire ces pages (W. B. Schill, F. H. Comhaire, T. B. Hargreave, *Traité d'andrologie à l'usage des cliniciens*).

Quoi qu'il en soit, et à voir l'allure et le dynamisme de certains retraités, on pourrait penser que des hommes, même après 60 ans, échappent pendant un temps à l'andropause. Cliniquement, c'est possible, quand une hygiène de vie a préparé et accompagne cette période, mais biologiquement, aucun d'entre eux n'est épargné !

## *La chute*

Car c'est bien de cela qu'il s'agit : une baisse inéluctable des taux d'androgènes, d'origine testiculaire et surrénalienne.

1. Déficit androgénique lié à l'âge (DALA), Partial Androgen Deficiency of the Aging Male (PADAM) et Late-Onset Hypogonadism (LOH).

Rappelons qu'il s'agit des hormones stéroïdiennes liées au développement des caractères sexuels masculins ; en premier lieu, la testostérone. On estime que, en moyenne, à l'âge de 75 ans, le taux de testostérone global représente moins de 65 % du taux moyen à 35 ans.

Je vous renvoie au chapitre correspondant, détaillant son devenir dans le sang ; pour faire court, la fraction libre (2 % de la testostérone totale) se transforme en son dérivé le plus actif, la dihydrotestostérone, ainsi qu'en œstrogène. Or, cette fraction est de plus en plus réduite car, avec l'âge, les taux de protéines qui lient la testostérone augmentent, la confinant de plus en plus à une forme de réserve, inactive. Moins de testostérone circulante, c'est aussi, rétroactivement, moins d'activation de la commande centrale (hypothalamus → hypophyse) et, par voie de conséquence, moins de production testiculaire de... testostérone. Ajoutons à cet appauvrissement hormonal la diminution progressive, parfois amorcée peu après la puberté, d'autres hormones agissant sur les caractères sexuels ; la DHEA, précurseur de la testostérone, l'hormone de croissance, sécrétée par l'hypophyse, la mélatonine, permettant l'adaptation au rythme jour/nuit ou la thyroxine, impliquée dans de nombreux métabolismes. Mais, au-delà de cette dégringolade hormonale, c'est notre mode de vie, à l'âge adulte, qui prépare l'andropause qui nous attend. Et on ne s'étonnera pas qu'une bonne hygiène de vie préserve plus longtemps une capacité testiculaire à produire de la testostérone. En revanche, parmi toutes les pathologies chroniques, obésité, hypertension artérielle, alcoolisme, maladies chroniques, et tout ce qui augmente le risque cardio-vasculaire, sans oublier le sport de haut niveau, la liste est longue de ce qui perturbe la fonction testiculaire et/ou sa commande centrale hypothalamo-hypophysaire.

*Ite missa est !* L'ensemble des fonctions sexuelles est touché, sans que l'on puisse prédire dans quel ordre, à quel rythme et jusqu'à quel niveau d'incapacité. La spermatogénèse n'est pas épargnée, liée à la dégénérescence lente des cellules germinales. La structure des spermatozoïdes s'altère, avec un risque mal évalué, celui de la transmission d'accidents chromosomiques. Les spermatozoïdes sont moins nombreux et moins mobiles, le volume de l'éjaculat diminue, et, malgré tout, leur pouvoir fécondant peut perdurer jusqu'à un âge avancé.

## *L'homme atteint dans son apparence et sa sexualité !*

Voilà bien ce qui nous chiffonne ! La transformation du corps devient visible. Non pas tant l'ostéoporose, sournoise (sauf en cas de tassements et fractures !), que la fonte musculaire, toutes deux d'origine multifactorielle, mais où la chute de la testostérone a sa part de responsabilité. Il est bien tard si l'on réalise qu'on a négligé les activités physiques depuis des années. Même chez les hommes minces, il n'est pas rare qu'une petite « bouée » les ceinture et que les seins prennent du volume. Présents ou non *a minima,* ces signes sont les marqueurs possibles d'une combinaison de désordres physiques, physiologiques et biochimiques connus sous le nom de syndrome métabolique. L'obésité abdominale (périmètre ombilical supérieur à 94 cm) est due à un dépôt de graisse qui provoque une résistance à l'insuline. Les conséquences sont en cascade : une hypertension artérielle, dans le sang, des taux élevés de glucose, de triglycérides et des taux bas de « bon » cholestérol ; des désordres métaboliques qui augmentent le risque de diabète de type II, de maladies cardio-vasculaires et d'accident vasculo-cérébral (AVC). Il est temps de rompre le cycle infernal de la sédentarité ; sport adapté, régimes appropriés, traitements si nécessaire et hygiène de vie.

Enfin, comment ignorer l'influence de l'andropause sur la sexualité ? Ce qui a fait de nous des partenaires sexuels capables de donner et de prendre du plaisir se déconstruit petit à petit. Le désir s'amenuise, les érections sont moins performantes, les orgasmes moins intenses, l'éjaculation paresseuse en puissance et en volume. Une bonne introduction aux chapitres suivants sur les troubles sexuels, dont certains sont majorés ou apparaissent avec l'âge.

La gynécomastie

Le terme s'applique aux individus de sexe masculin dont les seins présentent une hypertrophie, unie ou bilatérale. La gynécomastie n'est pas spécifique de l'adulte, car elle peut être congénitale ou apparaître au décours de la puberté, disparaissant alors bien souvent sans traitement. Si elle est reliée à un développement anormal du bourgeon mammaire, on s'oriente vers une cause hormonale, baisse de la testostérone ou augmentation des œstrogènes.

Sa fréquence chez le sujet âgé en est le reflet. Avant, il est nécessaire d'éliminer les médicaments (causes iatrogènes) et les nombreuses pathologies susceptibles de s'accompagner de gynécomastie : cancers, troubles endocriniens ou maladies génétiques, avant de parler de gynécomastie idiopathique (spontanée, sans cause), heureusement les plus fréquentes.

Si l'augmentation du volume est globale, liée en général à un surpoids, on s'oriente plus vers une adipomastie sans hypertrophie de la glande mammaire.

Dans toutes ces formes, la chirurgie plastique ou esthétique est un recours possible si le préjudice est important ou après échec des traitements médicamenteux.

## L'impuissance, les pannes

Dans le jargon médical, on évite d'employer l'adjectif « impuissant » car, dans le langage courant, il s'applique tant à un homme incapable d'avoir une érection normale qu'à une personne n'ayant pas la force morale ou physique de faire face à un événement. On parle donc de « dysfonctionnements érectiles ». Ils sont variés, avec tous les degrés d'intensité : l'érection peut être soit impossible, soit difficile à maintenir malgré une excitation persistante, soit « de mauvaise qualité », avec une rigidité médiocre empêchant la pénétration. Le patient consultant pour ce trouble en parle plus volontiers comme d'une « panne sexuelle ». Celles-ci sont plus ou moins alarmantes et nécessitent presque toujours l'avis d'un médecin.

Distinguons tout de suite la panne brutale, en pleine santé sexuelle, à un âge et dans une condition physique où rien d'organique ne peut expliquer cette totale impossibilité à « redresser la tête » au moment voulu. L'événement a des chances d'être unique, ou presque, de se produire avec la femme dont on rêve et avec laquelle on se retrouve pour la première fois, nus, enlacés, au comble du désir. L'espoir a été si fort, l'attente si douloureuse et le bonheur si intense que, patatras : au bord de connaître le nirvana, néant, macache bono, oualou, peau de zébi ! Vous avez beau vous concentrer, vous faire saigner les yeux à contempler les courbes parfaites de votre conquête : que dalle, que pouic, que tchi. C'est pas ce soir que vous allez jouer à la bébête qui monte. Que celui qui n'a jamais connu ce grand moment de solitude se lève et me jette ce livre à la face. Invariablement, ce grain de sable rend le reste de la vie amoureuse plus belle, car il est imprévisible, se concluant par ces mots d'encouragement auxquels il faut s'accrocher à tout prix : « Allez, c'est pas grave, ça arrive, embrasse-moi, idiot. » Je laisse à chacun le soin de se remémorer, s'il l'a vécue, la suite de l'histoire.

## *Quand la panne est liée à l'âge ou à un mode de vie*

S'il n'y avait que les pannes occasionnelles – quand trop d'adrénaline tue l'adrénaline –, nous n'aurions guère de souci à nous faire. Il en va autrement des dysfonctions érectiles – revenons à un langage médical – moins caricaturales, qui émaillent de plus en plus la vie sexuelle, l'âge aidant. Elles ne sont pas systématiques, mais l'érection étant, en partie, liée à une machinerie assez simple, dépendante de l'apport local en sang, on comprend que tout ce qui y fait obstacle a un retentissement immédiat sur le gonflement de l'objet en question. Or, nous avons l'âge de nos artères ; trop d'entre nous ayant même des artères plus vieilles qu'eux !

Ne soyons pas étonnés que tout ce qui augmente le risque cardio-vasculaire puisse s'appliquer à bon nombre de troubles de l'érection. Je vous renvoie à la liste de ces facteurs de risque, tabac, alcool, hypertension artérielle, cholestérol, obésité, sédentarité, sachant de surcroît qu'ils se potentialisent au lieu de s'additionner. Localement, en dehors de traumatismes délabrants, il s'agit surtout d'interventions chirurgicales délicates, en priorité celles sur la prostate quand l'ablation partielle ou totale endommage les filets nerveux courant à la face postérieure de la glande.

Les plus attentifs auront remarqué que j'ai oublié de citer une pathologie tristement d'actualité, le diabète. Maladie de la malbouffe et de la sédentarité, le diabète de l'adulte, dit « de type II », cumule des atteintes des vaisseaux et des nerfs (neuropathie diabétique) entraînant des troubles érectiles dans plus de la moitié des cas.

Enfin, j'aurais dû commencer par l'âge, par la diminution des androgènes, car les dysfonctions érectiles sont le principal motif de consultation de l'homme entré dans l'andropause. Ils s'inscrivent dans le cadre plus large des troubles sexuels, j'y reviendrai au chapitre suivant.

## *Quand la commande cérébrale est défaillante*

Il serait trop simple que seule la mécanique soit en cause ! Les commandes, à n'importe quel niveau, central ou périphérique, peuvent être altérées et à l'origine de troubles érectiles, transitoires ou permanents.

Au niveau central, tout traumatisme, accident vasculaire, tumeur ou dégénérescence cérébrale (sclérose en plaques, maladie d'Alzheimer, maladie de Parkinson...), peut potentiellement endommager les circuits à la fois des stimuli nerveux et des ordres descendants, passant par l'hypophyse et l'hypothalamus.

Au niveau médullaire et périphérique, le problème est complexe, très dépendant du site de la lésion.

À titre d'exemple, un tétraplégique ne peut-il bander qu'en se faisant sucer l'oreille ? Dans *Les Intouchables*, François Cluzet ne doit son salut sexuel qu'à des titillements des lobes de l'oreille. Si l'auriculothérapie, l'acupuncture de l'oreille, est capable de stimuler n'importe quelle partie de notre anatomie, pourquoi pas ! Mais c'est aussi du cinéma, la sexualité des traumatisés de la moelle épinière (dans le cas d'une section) ne se limitant heureusement pas qu'à ces suçotements. Malgré tout, elle doit être sans cesse réinventée, demandant volonté et efforts, car le retour à la normalité est exclu. Le degré de récupération dépend, on s'en doute, de la motivation et du courage du patient. On peut schématiser trois niveaux de lésions, tout en dissociant l'érection de l'orgasme et de l'éjaculation. Et se rappeler que l'érection répond soit à une commande venant du cerveau (érection psychogène), soit à un réflexe dépendant d'un circuit court (pénis → sacrum → pénis). Très grossièrement, on peut résumer ainsi :

En cas de lésion dorsale haute et cervicale (tétraplégie), l'érection réflexe, parfois imprévisible, et l'éjaculation sont possibles, mais pas l'orgasme. En cas de lésion lombaire (paraplégie), et suivant le niveau, les deux types d'érection sont possibles, mais l'éjaculation est souvent un simple écoulement. En cas de lésions sacrées, l'érection psychogène et l'éjaculation sont conservées, mais la perte de sensibilité du pénis a un retentissement important sur la durée et la qualité du rapport.

Ce résumé ne rend compte que partiellement d'une réalité bien plus complexe et très dépendante, dans un premier temps, de la lésion et de son niveau, dans un deuxième temps d'une longue démarche de restauration de la fonction sexuelle, que l'Organisation mondiale de la santé (OMS) définit comme « l'intégration des aspects somatiques, affectifs, intellectuels et sociaux de l'être sexué de façon à parvenir à un enrichissement et à un épanouissement de la personnalité, de la communication et de l'amour ».

## *La baisse de la libido*

L'âge et les hormones ont bon dos, mais, en réalité, le problème est difficile à cerner car causes et conséquences sont souvent mêlées. Ainsi, une baisse du désir peut entraîner un dysfonctionnement érectile, une éjaculation rapide, lesquels peuvent à leur tour éroder le désir sexuel, par crainte de l'échec ou de ne pouvoir donner du plaisir. C'est un sujet sur lequel je m'attarde au chapitre sur l'andropause, tant cette diminution du désir, hormono-dépendante, est un des stigmates du vieillissement.

## *Quand les facteurs extérieurs s'en mêlent*

La diversité des facteurs hormonaux, neurologiques et vasculaires, qui entrent en jeu dans l'érection, explique que la liste des médicaments la perturbant est longue. En premier lieu, les psychotropes parce qu'ils ont tous une action centrale, mais les diurétiques et les bêta-bloquants (traitement de l'hypertension artérielle), ou la chimiothérapie anticancéreuse sont aussi incriminés. Il faut toutefois en apporter la preuve par la restauration de la fonction érectile normale après l'arrêt de la prise du produit incriminé.

## *Les traitements*

On ne traite pas une dysfonction érectile sans en avoir identifié la cause. Mais on la traite, ou on y trouve des substituts, car sa persistance devient obsessionnelle et prend une part grandissante dans la sexualité, obérant la recherche du plaisir, avec le risque d'une baisse de la libido progressive, véritable cercle vicieux dont il devient difficile de sortir. Si l'homme garde pour lui cette atteinte à sa virilité, cette dysfonction a un retentissement de plus en plus grand sur le couple, sa communication et sa sexualité. Parmi les traitements, à tout seigneur tout honneur : commençons par celui qui n'est pas le plus ancien mais qui a tout l'air de révolutionner nos pratiques sexuelles : le Viagra.

## *Le Viagra*

Vous connaissez peut-être l'histoire : celle de ce produit, le sildénafil, testé sur des patients atteints d'angine de poitrine ? Il semblait peu efficace, mais aucun des hommes ne voulut rendre les petites pilules bleues de l'expérimentation, car elles étaient responsables d'un effet, tendu autant qu'inattendu, sur un autre organe que le cœur ! En 1998, le Viagra était né. On ne se doutait pas encore de son impact sur la sexualité masculine, des changements qui ne sont peut-être que les prémices d'un bouleversement beaucoup plus profond et définitif.

Comment se pose le problème ?

Sous réserve de respecter les indications et les contre-indications, certaines associations médicamenteuses et les doses prescrites (trois dosages, 25, 50 et 100 mg), le Viagra est remarquablement efficace, bien toléré, tout en ne dispensant pas d'une stimulation sexuelle. On pourrait croire que nous disposons là d'une médication « miracle », rendant obsolètes les techniques précédentes ou les réservant à des indications très précises. C'est en partie vrai car il permet de rompre l'angoisse d'une impuissance ou d'une érection médiocre. Un enjeu capital quand on sait l'impact sur l'image de soi d'un échec sexuel. Ceux qui résument le rapport sexuel à la qualité de leur bandaison ne tarissent pas d'éloges sur la petite pilule bleue qu'ils conseillent volontiers à leur cercle de phallocrates. Si l'un d'entre eux est publicitaire, il n'hésite pas à la faire tomber inopinément dans le réservoir d'essence de sa voiture, dopée comme jamais.

Il en va autrement des hommes moins « pénis-centrés ».

La dysfonction érectile est angoissante au point que l'on se focalise trop vite sur la seule mauvaise érection au lieu de se concentrer sur de nouveaux stimuli érotiques qui pourraient la corriger. Mais elle est aussi culpabilisante, entraînant la partenaire dans le trouble sexuel, avec la peur qu'elle se sente moins désirée, moins aimée et que sa frustration ne fasse qu'aggraver le problème.

Quand l'origine est mécanique ou hormonale, le recours à ce type de médicament vasodilatateur (d'autres sont apparus sur le marché depuis le Viagra) apporte un bénéfice considérable, prolongeant une vie sexuelle harmonieuse qui semblait compromise. C'est toutefois ignorer, notamment chez les personnes âgées, que le « sexe » peut se revisiter (comme on dit des recettes de cuisine à « Top Chef » !) malgré la perte d'une érection efficace, en faisant appel à d'autres techniques toutes aussi jouissives pour les deux partenaires. Par bonheur, on peut provoquer l'orgasme chez sa partenaire sans bander !

En revanche, quand les pannes sont d'origine psychogène, le Viagra devient vite une solution de facilité. D'autant plus que le résultat dépasse souvent en qualité et durée d'érection celui auquel nous étions habitués. Il devient alors facile d'y avoir recours d'une façon systématique. Avec le risque de tomber dans une addiction et, à court terme, le danger d'une atteinte globale de la virilité. En effet, qu'en reste-t-il quand le partenaire n'est plus qu'un stimulus déclencheur ou, pire, quand ce stimulus ne sera plus nécessaire avec de nouvelles formules chimiques ? Quand quelques milligrammes de poudre suffiront à exprimer notre virilité ? Cette course à l'érection à tout prix vient de l'image que la société construit de l'homme viril, celui de la pornographie, aux sexes masculins toujours avantageux, aux bandaisons jamais prises en défaut et aux partenaires menées au comble de la jouissance. Cinq minutes de cette sexualité artificielle devant les yeux d'un enfant de 10 ans, et rien, pour lui, ne sera plus comme avant ! Comme dit Coralie Trinh Thi, ancienne actrice porno[1] : « Apprendre à faire l'amour en regardant du porno, c'est aussi con qu'apprendre à conduire en regardant *Taxi.* »

Pour toutes ces raisons, le Viagra ne devrait être qu'un médicament de prescription délivré par un médecin, urologue ou sexologue, en fonction de l'origine de la panne ; la restauration d'une bonne hygiène de vie et l'implication de la partenaire restant la base de tout traitement.

Quoi qu'il en soit, l'engouement est tel pour ces produits dits « inhibiteurs sélectifs et réversibles de la phosphodiestérase de type 5 » (PDE5) que de nombreuses formules proches sont déjà sur le marché, sous les DCI

1. Rapporté dans « Une bonne tasse d'été » – France Inter 17/08/2018 – par Sandra Franrenet (*Osez parler de sexe à vos enfants,* La Musardine, 2016).

(dénominations communes internationales) de tadalafil, avanafil ou vardénafil.

Un peu de science

... et un avertissement aux amateurs de pamplemousse qui utiliseraient un dérivé du sildénafil, inhibiteur de la PDE5. En effet, la PDE5 est transformée au niveau du foie par une enzyme (isoenzyme 3A4) du nom barbare de cytochrome P450. Si on bloque le cytochrome on risque de voir s'accumuler les effets secondaires du PDE5. Or, pas de chance, le jus de pamplemousse contient une substance inhibitrice du couple P450-3A4 !

Un peu de hasard

On a vu que l'indication facilitatrice de l'érection du Viagra a été découverte à la suite d'un concours de circonstances fortuit ; un effet de la sérendipité sur les découvertes médicales ! Il en fut de même, au début des années 2000, de l'efficacité érectile de l'apomorphine, un traitement utilisé chez les parkinsoniens ayant constaté un retour étonnant de leur virilité. Les produits qui en sont dérivés sont toujours disponibles.

*Les injections péniennes*

Les produits précédemment cités ont démodé, mais n'ont pas totalement remplacé, les traitements plus anciens de la dysfonction érectile. Parmi eux, les injections intracaverneuses ont, dès 1982, apporté une solution efficace même si elle était jugée un peu barbare. Ainsi l'injection d'alprostadil (une prostaglandine E1) se fait directement dans un des deux corps caverneux. Bien faite – on s'entraîne avec le médecin prescripteur –, elle est pratiquement indolore et provoque une érection rapide indépendante de tout stimulus sexuel. On réserve ces injections, par ailleurs remboursées par la Sécurité sociale, à des indications précises, diabète sévère, maladies neurologiques, traumatismes suivis d'impuissance, séquelles de chirurgie ou de radiothérapie anticancéreuse.

*L'alprostadil*

C'est pour ces mêmes indications que l'alprostadil, sous forme de crème cette fois, est lui aussi remboursé. Elle est appliquée au niveau du méat urétral et nécessite le port d'un préservatif car la substance active peut être irritante pour le vagin. Le MUSE (Medicated Urethral System for Erections) est un système stérile intra-urétral à usage unique délivrant de l'alprostadil et permettant une érection en cinq à dix minutes.

*Le vacuum device*

Le principe de cette pompe à vide est simple et basé sur une action purement mécanique. La dépression créée dans le tube dans lequel on introduit le pénis permet à celui-ci de se gorger de sang. Un anneau est fixé à sa base, empêchant le reflux veineux. On ne doit pas le garder plus de trente minutes, on s'en doute !

*Les implants péniens*

Ils nécessitent une intervention chirurgicale destinée à introduire une double prothèse gonflable dans les corps caverneux reliée à une pompe dissimulée sous la peau ; on conçoit qu'il s'agisse d'une solution de dernier recours.

*Que faut-il retenir de ces traitements des dysfonctionnements érectiles ?*

Ils sont nombreux, mécaniques ou chimiques, de plus en plus en vente libre, avec le risque de surconsommation et d'addiction. J'insiste sur la nécessité, quelle que soit l'origine du trouble, de consulter un médecin, plutôt urologue si l'on soupçonne une panne mécanique, psychothérapeute si l'origine psychologique est probable, neurologue si une cause neurologique est associée. Un bilan clinique local et général est indispensable pour diagnostiquer l'origine du trouble, corriger des pathologies associées et décider du meilleur traitement. Dans tous les cas, l'implication de la partenaire à un moment ou un autre de la démarche est capitale pour partager en couple le traitement d'une détérioration des rapports sexuels. Enfin, en ce qui concerne les médicaments, tenir compte des posologies recommandées (nombre de milligrammes par prise, fréquence des prises) est tout aussi impératif que le respect absolu des contre-indications.

## Autres troubles sexuels

### *Le priapisme*

L'affection est rare, pouvant toucher l'adulte et l'enfant, avec une incidence particulière chez le sujet noir atteint de drépanocytose (mutation de l'hémoglobine et déformation de globules rouges). Elle a surtout marqué les esprits par sa survenue possible chez les pendus, suivie parfois d'une éjaculation *post mortem* ! Et par son appellation évoquant Priape, dieu de la fertilité dans la mythologie grecque, qui se trimballait avec un sexe constamment en érection. Mais de quoi s'agit-il ? On parle de priapisme quand une érection spontanée ou à la suite d'une excitation sexuelle se prolonge plus de quatre heures, avec ou sans stimuli sexuels. Il ne doit pas être confondu avec l'asphyxie érotique par pendaison, strangulation ou toute autre méthode privant le cerveau d'oxygène, destinée à décupler le plaisir sexuel ; une pratique BDSM qui a inspiré un film de Nagisa Oshima, *L'Empire des sens* (1976), pratique à risque si elle n'est pas rigoureusement mise en œuvre et contrôlée.

Le priapisme est, lui, involontaire. La forme la plus fréquente est une forme dite à « bas débit » ou « ischémique », véritable urgence, due à une anomalie du retour veineux. L'érection est très rigide, douloureuse, et impose une intervention médicale, parfois chirurgicale, pour lever l'obstacle et éviter la nécrose des corps caverneux, responsable d'une dysfonction érectile permanente. Les causes sont nombreuses, troubles de la coagulation, pathologies du sang (leucémie, drépanocytose, en Afrique subsaharienne notamment), prise de certains médicaments et de drogues (cocaïne). C'est aussi une complication de certains traitements médicamenteux des dysfonctions érectiles, imposant de respecter scrupuleusement les posologies prescrites et d'être alerté si l'érection dure plus de trois heures.

La forme à haut débit, plus rare, est d'origine artérielle. Classiquement, elle n'est pas douloureuse et ne met pas en danger immédiat les tissus des corps caverneux, autorisant de prendre son temps pour pratiquer un bilan artériographique complet avant un traitement médico-chirurgical. La chute sur un cadre de vélo et le traumatisme périnéal sont les causes les plus fréquentes de ce type de priapisme.

## *Anorgasmie ou frigidité ?*

L'anorgasmie est l'absence d'orgasme, malgré un plaisir sexuel. On se trompe en imaginant qu'elle ne touche que les femmes. Elle est rare mais possible chez l'homme, avec ou sans éjaculation.

La frigidité est l'absence de désir sexuel, et de plaisir sexuel par la même occasion. On la nomme aussi « anaphrodisie », une pathologie qui a sa place dans la bible des maladies psychiatriques (DSM-5) au chapitre des troubles sexuels. Là encore, on a tort de croire que la frigidité, pathologie prétendument féminine, est l'équivalent de l'impuissance chez l'homme. Nous avons vu les nombreuses causes d'impuissance ; la frigidité masculine existe et se caractérise par une perte de désir, chez des hommes nourrissant une peur de la sexualité, dont les causes remontent souvent à l'enfance et à un environnement familial propice à la naissance de ce type d'interdit.

Enfin, dans le langage psychanalytique, on peut découvrir le terme d'« aphanisis », un défaut d'apparition ou une disparition du désir sexuel.

Ces troubles du désir ou du plaisir sont source de souffrance psychologique et nécessitent une exploration des causes. Tabac, alcool, drogues et médicaments sont les étiologies les plus faciles à repérer, pas forcément simples à corriger, d'autant plus que les addictions se greffent sur des problèmes psychologiques profondément ancrés dans la personnalité des patients. Ces origines psychogènes sont en réalité les plus fréquentes dans l'apparition de ces troubles sexuels, mais on doit rechercher aussi un trouble hormonal, ou une pathologie liée à l'âge et au retentissement sexuel fréquent (diabète de type II, prostatite, cancers, artériosclérose, maladie de Parkinson, etc.).

## *Troubles de l'éjaculation*

L'andropause (voir p. 142) s'accompagne d'une éjaculation plus « molle », moins abondante, sans que l'on puisse parler de troubles, témoins seulement d'une baisse de la production de liquide séminal et d'une perte de tonicité des muscles et des sphincters concernés. Plus préoccupantes sont les éjaculations considérées comme anormales.

### *L'éjaculation précoce*

Elle est un motif si fréquent de consultation en sexologie que la littérature, les commentaires et les propositions de traitements abondent sur Internet.

Commençons par le plus simple. Il est fréquent qu'elle représente le mode d'entrée des garçons dans la sexualité. Le flot d'excitation est si difficile à endiguer que l'éjaculation incontrôlable accompagne la pénétration. Quand elle ne la précède pas ! Quoi de plus normal ! Le plus difficile est de ne pas en nourrir un complexe et de se dire que cela fait partie d'un apprentissage de la sexualité qui s'enrichit de toutes les maladresses nées souvent d'un « vouloir trop bien faire ». Comme pour tous ces troubles bénins, l'idéal est de pouvoir en parler avec sa partenaire, qu'elle devienne complice des tâtonnements vers un orgasme partagé. Surtout, ne pas se jeter sur les médicaments miracles de l'éjaculation précoce, dont on obtient les noms en deux clics sur Internet, accompagnés des inévitables témoignages enthousiastes sur leur efficacité. Et encore moins céder aux sirènes de la chirurgie, telle la péniplastie, technique d'injection dans le gland d'acide hyaluronique destiné à augmenter la taille du pénis et à rendre le gland moins sensible, et donc retarder l'éjaculation. Les exercices physiques de renforcement du muscle pubo-coccygien (voir « Orgasme et éjaculation », p. 100) sont très efficaces ainsi que la méthode du « Stop and Go » qui consiste à se retirer de sa partenaire dès que l'on sent les premiers signes annonciateurs d'un orgasme.

En dehors de ces troubles inauguraux et fréquents du début de la vie sexuelle et en tenant compte des éjaculations précoces secondaires à une pathologie organique, prostatique, thyroïdienne ou neurologique qu'il est nécessaire de traiter, les causes de ce réel problème, s'il devient permanent, sont psychologiques ou comportementales. Un travail sur soi, aidé par un sexologue, complété par les exercices physiques vus plus haut, est une étape capitale pour mieux gérer l'excitation mentale. Les traitements médicamenteux (les inhibiteurs de la recapture de sérotonine) sont des psychotropes, donc jamais anodins, ne traitant pas le fond du problème, mais le masquant. Ils sont un dernier recours, ne représentant sinon qu'une solution provisoire et sans garantie d'efficacité.

*L'éjaculation rétrograde*

Évoquant plus haut le mécanisme musculaire de l'éjaculation, j'aurais dû ajouter qu'il est synchronisé avec la fermeture du sphincter de la vessie. Si celui-ci ne se produit pas, le sperme remonte vers la vessie où il se déverse, principe de l'éjaculation rétrograde. Les causes sont à la fois chirurgicales (l'exérèse de l'adénome prostatique) car toute intervention dans la région est susceptible de léser le sphincter ou les nerfs afférents, mais aussi médicales par atteinte des plexus nerveux sympathique et parasympathique, et du nerf honteux.

### *L'allergie au sperme*

Curieuse « maladie sexuellement transmissible » que cette allergie au sperme dont n'est victime que la partenaire. Elle est, certes, rare, mais bien gênante pour la femme chez qui elle provoque rougeurs et démangeaisons vulvaires, précédant brûlures vaginales, gonflement de la vulve et parfois douleurs abdominales. Quelques cas de choc anaphylactique, un syndrome sévère nécessitant une prise en charge médicale urgente, ont été décrits après plusieurs années d'exposition à un sperme allergisant. Le diagnostic n'est pas facile, car les signes cliniques ressemblent à ceux d'une infection des voies génitales ; le port d'un préservatif et la disparition des symptômes orientent, par défaut, vers cette allergie. En dehors des traitements symptomatiques, le préservatif et une éventuelle désensibilisation restent les seules thérapeutiques préventives ou curatives disponibles.

## L'infertilité masculine

Si la fertilité est avant tout une notion appliquée au couple ayant assuré leur descendance après des rapports pendant la période… fertile de la femme, son antonyme, l'infertilité, ou stérilité, fait l'objet de recherches étiologiques (quelles causes ?), de son degré de variabilité et des solutions thérapeutiques, quand on a déterminé la responsabilité de l'homme ou de la femme dans le couple. Statistiquement, elle est d'origine masculine dans 30 % des cas et se définit comme « une maladie du système reproductif définie par l'impossibilité d'obtenir une grossesse clinique après douze mois ou plus de rapports sexuels réguliers et non protégés » (OMS). Cette notion de délai montre que l'infertilité est loin d'être définitive, l'azoospermie, l'absence totale de spermatozoïdes, étant rarissime, moins de 1 % des stérilités masculines. Elle peut s'amender d'elle-même ou à la suite d'un traitement approprié. Si la cause n'est pas accessible au traitement, il reste toujours le recours à la fécondation in vitro (FIV) ou à une micro-injection intracytoplasmique de spermatozoïdes (ICSI). À part quelques circonstances connues ou rapidement décelées, le diagnostic d'une stérilité masculine est toujours difficile, reposant sur l'étude d'un ou plusieurs spermogrammes qu'il faut interpréter avec prudence, et sur un bilan clinique à la recherche de causes mécaniques, hormonales ou génétiques qui peuvent être très variées. Nous avons vu les composants d'un sperme normal au chapitre sur les spermatozoïdes. Redisons l'essentiel de ce qu'on apprécie en premier lieu (normes OMS) :

– la quantité de sperme ; elle doit supérieure à 1,5 ml
– le pH, compris normalement 7,2 et 8, est basique
– la viscosité diminue progressivement

Au microscope, trois critères sont prépondérants :

– le nombre de spermatozoïdes par ml de sperme : en deçà de 15 millions, on parle d'« oligospermie »
– leur mobilité : on parle d'« asthénospermie » quand les deux tiers ou plus sont immobiles
– leur vitalité : au moins 75 % d'entre eux doivent être vivants

On retiendra qu'il existe d'autres critères à apprécier (morphologie des spermatozoïdes, présence de sang, de globules blancs, de germes), et que deux spermogrammes à trois mois d'intervalle (le cycle de régénération des spermatozoïdes est de soixante-quinze jours) sont nécessaires pour confirmer une anomalie responsable de stérilité.

## La recherche de la cause

Plutôt qu'une longue liste de pathologies en cause, voyons, par ordre de fréquence, ce qui peut conduire à une stérilité passagère ou définitive.

– Curieusement, dans près de la moitié des cas, aucune anomalie du spermogramme n'est retrouvée. On parle de « stérilité idiopathique » ; il n'est pas rare de rencontrer des couples ayant eu un enfant après des années d'infertilité inexpliquée.

– Dans un tiers des cas, une maladie constitutionnelle, génétique ou acquise des testicules est responsable d'infertilité. Il s'agit de perturbations de la spermatogénèse quantitative ou qualitative. Quand elle fait suite à une maladie, il faut que les deux testicules aient été atteints. La torsion du testicule a des chances d'être unilatérale, l'orchite ou la fréquente varicocèle sont souvent bilatérales. Enfin, l'obésité et l'intoxication alcoolique et tabagique sont de plus en plus souvent mises en cause.

– Un certain nombre d'infertilités s'expliquent par un blocage au niveau des voies spermatiques, épididyme et canaux déférents ; traumatismes, infections ou aplasies congénitales pouvant expliquer ces obstacles. En général, la spermatogénèse n'est pas altérée et, si l'obstacle ne peut être levé, une ICSI est toujours possible.

– Enfin, on recherche une dysfonction sexuelle et son origine. Si sa correction n'est pas possible (exemple de certaines lésions médullaires), la possibilité d'une fécondation artificielle dépend de la qualité du sperme et de son prélèvement.

## J'ai la prostate ! Ou pas !

J'ai entendu dire que les vieux généraux, quand ils se retrouvent, se demandent toujours des nouvelles de leur prostate. Autour, bien sûr, d'un cognac, comme eux, « Trois étoiles VSOP », comme « Vieux Soldat Opéré de la Prostate » ! Pour certains, c'est peut-être leur dernière bataille, pas la plus facile à mener. Ils partagent cette obsession avec nombre de seniors, par ailleurs en bonne santé, préoccupés de l'état de cette petite glande dès qu'ils commencent à se relever plus d'une fois la nuit pour aller pisser. Ils ont raison ; c'est un bon révélateur d'un début d'hypertrophie prostatique et le meilleur prétexte pour aller consulter, si cela n'a pas encore été fait dans une démarche préventive. Avant même tout signe clinique. Rappelons que ces quelques grammes de tissu musculo-glandulaire ne servent qu'à sécréter un liquide permettant de diluer les spermatozoïdes, tout en leur offrant un milieu antiseptique grâce au zinc et à l'acide citrique qu'il contient. Sans oublier que sa structure musculaire permet d'expulser le liquide prostatique au moment de l'éjaculation. Autant dire qu'elle ne sert pas à grand-chose à partir d'un certain âge, sauf rare désir tardif de paternité. Et en priant alors pour que les spermatozoïdes n'aient pas pris un coup de vieux.

## *TR, TR !*

Étonnant paradoxe : bien que n'ayant plus guère d'utilité, la prostate commence à poser problème, le plus souvent, chez l'homme à partir de 60 ans. Les hommes raisonnables ou responsables, dès 50 ans (40 s'ils ont des antécédents familiaux), se prêtent à un examen de dépistage à intervalle régulier. Pour les autres, s'il existe un truc au monde qui leur court vraiment sur l'organe du même nom, c'est cette obstination (elle est pourtant justifiée !) qu'ont leurs médecins, généralistes ou urologues, à leur coller aux basques pour leur mettre un doigt dans le derrière, tous les deux ans. « C'est pour votre bien », leur disent-ils. En attendant, les patients jugent que cela peut faire mal et que l'on peut à juste titre douter d'un diagnostic fait ainsi à l'aveugle et en milieu hostile. Bref, tout leur est bon pour échapper au fameux toucher rectal (le TR), qu'ils vivent peut-être comme une atteinte à leur intégrité virile. Je ne prends pas leur défense, mais cela ne m'empêche pas, si vous avez deux minutes, de vous exposer ma vision des choses.

Sourions un peu !

Si vous avez quelque attirance pour les curiosités médicales, vous vous êtes peut-être demandé un jour ce que votre médecin sentait au bout de son index farfouilleur. Pour vous en donner une idée, faites l'expérience suivante : prenez une poule et un poulet qui ont encore toute leur tripaille. On les trouve dans les fermes et sur tous les marchés de province dignes de ce nom ; cela vous donnera l'occasion de déguster les fameux abats définitivement absents des volailles vendues en grande surface, ce qui est pur scandale, mais je m'égare. Bref, vous les disposez sur une table et, à l'aveugle, à l'image des protocoles scientifiques rigoureux, c'est-à-dire que, les yeux bandés, vous introduisez votre index successivement dans le trou de balle de l'un puis de l'autre, au hasard du premier qui vous vient sous la main. Puis vous essayez de deviner les organes rencontrés et enfin le sexe de chacun. Par pur respect pour l'animal et pour éviter qu'il ne gigote, n'oubliez pas d'occire les volatiles avant de les soumettre à l'expérimentation, car non seulement ils n'aiment pas ça, mais en plus, cette pratique *in vivo* est heureusement interdite par la ligue de protection des animaux domestiques.

Pour en revenir à notre préoccupation, voilà donc, d'une manière détournée, le défi lancé chaque jour à votre médecin qui, je le sais, critiquera ce genre de comparaison, sachant que la recherche du sexe n'est pas le souci de cet examen. J'en conviens. Il n'en reste pas moins que le TR est un examen intrusif, difficile à interpréter s'il n'est pas régulièrement pratiqué, expliquant le fait que seule la moitié des médecins généralistes le proposent à leurs patients. J'en profite pour faire remarquer à certains d'entre eux qu'ils devraient mettre un peu plus de doigté, c'est le cas de le dire, à l'annonce et à la pratique d'examens peu agréables, le TR en particulier. Et systématiquement demander le consentement libre et éclairé de leur patient. Si j'avais mon mot à dire, je militerais pour qu'aucun étudiant en médecine ne soit lâché dans la nature sans un bon entraînement au TR et à la façon de convaincre les patients de l'accepter. Personnellement, lors d'un TR pratiqué à mon endroit, à mon envers en réalité, je prends mon mal en patience en pensant à quelques grands de ce monde qui doivent, eux aussi, faire un peu moins les cacous quand ils sont, une fois par an, transformés en bilboquet humain. Quant au fameux PSA (antigène prostatique spécifique), contesté et dont le dosage est si facilement recherché, je me demande s'il ne s'agit pas là d'une publicité déguisée et subliminale pour les Peugeot-Citroën : ils sont capables de tout, ces gens-là ! Nous en reparlerons.

Ces mises au point étant faites, destinées à détendre l'atmosphère bien sûr, il est évident que le PSA est un dosage précieux et que le TR, à condition d'être pratiqué par un homme de l'art et qui en a quelques centaines (ou milliers) à son actif, est un examen simple, peu coûteux et plein d'enseignements. Associé à un interrogatoire clinique, il permet d'éviter bien des examens complémentaires inutiles et ruineux pour notre Sécurité sociale.

Par exemple, une échographie transrectale de la prostate prescrite sans le moindre signe clinique et biologique n'est pas justifiée. En revanche, à partir de 50 ans, ce TR devrait faire partie, tous les deux ans, d'un examen de routine.

Voyons de quoi la prostate peut nous faire souffrir. Son anatomie et son histologie expliquent en partie ses pathologies. Il existe trois zones principales, périphérique, centrale et de transition, trois grands types de tissus, fibreux, musculaire et glandulaire. En lien avec ces caractéristiques, trois maladies dominent la pathologie prostatique : l'adénome, le cancer et la prostatite.

Aie !

Je vous rassure, le témoignage ci-dessous provient d'un pays lointain où le toucher rectal semble parfois fait à la hussarde. Manoel Isidório de Santana, représentant du Parti des travailleurs, s'est plaint de son médecin à la tribune du Parlement de l'État de Bahia en ces termes : « Je pensais que ça se passait autrement, mais la façon dont il a introduit son doigt... C'était terrible. J'en vois encore trente-six chandelles. Je suis presque tombé dans les pommes. Et encore, je suis député, mais imaginez-vous ce que ça doit être pour un chômeur ou un sans-terre. » On ne sait pas pourquoi il pense qu'un chômeur ou un SDF aurait encore plus souffert, mais on sait que la SBU (Sociedade Brasileira de Urologia) a compté « intenter un procès à M. Isidório pour atteinte à l'image de la médecine et préjudice à la population ». D'après le quotidien *Folha de S. Paulo* (4/04/2005).

## *L'adénome*

Ou « hyperplasie bénigne de la prostate » (HBP, dans notre jargon médical, amateur de sigles). Voici quelques données clés afin de situer le problème, et avant de revenir sur certains points :

Les signes d'appel, plus ou moins marqués et/ou non associés, se résument à :

– un besoin d'uriner plus fréquent, notamment la nuit ;

– un sentiment d'impériosité, c'est-à-dire la nécessité d'aller uriner très vite ;

– le besoin de pousser pour uriner (dysurie) et d'uriner en plusieurs fois ;

– une faiblesse du jet ;

– l'absence de douleur.

Le diagnostic se fait au TR, doublé d'une échographie endorectale, faisant suite à un interrogatoire basé sur un questionnaire standard évaluant la gêne, quantitativement et qualitativement.

D'une manière générale :

– l'adénome ne dégénère jamais en cancer ;

– on peut avoir un gros adénome avec peu de gêne urinaire, ou inversement ;

– il est souvent associé à un syndrome métabolique ;

– neuf fois sur dix, un traitement médicamenteux permet d'éviter l'intervention chirurgicale ;

– son ablation chirurgicale ne touche pas aux nerfs de l'érection, mais provoque une éjaculation rétrograde sans conséquence sur le désir ou l'orgasme.

Voilà, vous savez l'essentiel sur l'adénome !

Mais ne partez pas ! Voici quelques détails à l'usage des curieux et des adultes concernés, ayant en général dépassé la cinquantaine. L'adénome se caractérise par une augmentation des cellules du stroma de la zone centrale de la prostate ; si cette multiplication cellulaire est systématique après 40 ans, elle ne provoque pas toujours un adénome. Celui-ci peut même grossir tout en restant asymptomatique. Comme on ne sait pas ce qui est à l'origine de l'adénome, on incrimine l'incontournable testostérone, mais la relation de la prostate avec le développement d'un syndrome métabolique (je vous renvoie au chapitre « L'andropause ») est plus intéressante : j'y viens. Rappelez-vous ce syndrome lié à la sédentarité et au vieillissement, associant périmètre ombilical supérieur à 94 cm, hypercholestérolémie, diabète (de type II) et hypertension artérielle. Le syndrome métabolique, « Voilà l'ennemi ! », comme dit François Desgrandchamps (*La prostate, on en parle ?*). Un ennemi à surveiller et des pathologies à prendre en charge, de manière préventive ou curative.

Une autre notion clé de l'adénome, sur laquelle repose le diagnostic, je l'ai dit, est l'envie d'uriner. Pas n'importe laquelle, bien sûr ! En clair, si on se lève deux fois ou plus chaque nuit, sans avoir excessivement bu le soir, il est recommandé de consulter. L'appréciation étant néanmoins grossière, on peut se tester soi-même à l'aide du Score international des symptômes prostatiques (IPSS), développé par l'« American Urological Association ». Cela ne remplace pas une consultation mais donne une bonne idée de la sévérité d'une atteinte prostatique, sans toutefois préjuger de sa nature, bénigne, cancéreuse ou infectieuse. Retenez surtout que toute modification de votre comportement urinaire, que ce soit le nombre de mictions nocturnes ou la diminution de la puissance du jet, doit vous alerter. Les questions de l'IPSS évaluent aussi si le jet est hésitant, si l'on urine en plusieurs fois, ou après un temps d'attente, si l'on est obligé de pousser.

Ces signes d'un obstacle ne sont jamais anodins et peuvent s'aggraver au fur et à mesure que le passage de l'urine se rétrécit. La rétention aiguë d'urine est la conséquence la plus brutale. L'impossibilité d'uriner est totale et la douleur devient vite intolérable si la vessie n'est pas vidée dans les plus brefs délais, par sonde ou ponction sus-pubienne. Cet accident est imprévisible ; il impose de ne jamais retarder le moment d'uriner, car plus la vessie gonfle, plus sa contraction devient difficile. Il nécessite surtout de se soigner avant d'en arriver à de telles extrémités !

L'autre conséquence, pas moins sérieuse, d'une négligence des premiers symptômes de l'adénome est l'installation d'une rétention d'urine chronique. Elle est insidieuse car non douloureuse, marquée par une dysurie (difficulté à uriner), laissant une vessie pleine malgré des mictions de plus en plus nombreuses (pollakiurie). Rétention aiguë ou insuffisance rénale chronique sont la sanction en l'absence de traitement.

Enfin, une fois de plus, j'insiste sur la prévention que représente une bonne hygiène de vie, une surveillance de son poids, l'arrêt du tabac, des boissons avant de se coucher, une consommation raisonnable de café, thé, alcool, et les exercices de contraction du périnée, déjà mentionnés.

Allez, tous ensemble ! 1, 2, 3, 4, 5 contractions, une pause de dix secondes, et on recommence, 1, 2, 3...

## *Le cancer*

48 427 cas en 2013, en France métropolitaine, 8 625 décès, âge médian des décès 83 ans – 6 % par an en moyenne entre 2007 et 2017 (Institut national du cancer – 17 janvier 2018). Voilà pour la brutalité des chiffres qui classent le cancer de la prostate au premier rang des cancers chez l'homme, mais au troisième rang des décès

dus au cancer. Ces chiffres ne tiennent pas compte de l'incidence du cancer de la prostate aux Antilles, deux fois plus élevée qu'en métropole. Et en constante augmentation. Un facteur génétique propre aux populations noires est incriminé, mais plus encore l'exposition au chlordécone dans un contexte de pollution environnementale majeur des bananeraies.

Si la majorité des cancers soulèvent des problèmes complexes de traitement, celui de la prostate se caractérise par la difficulté, dans de nombreux cas, à choisir entre un traitement curatif (enlever ou irradier la prostate), non sans conséquence, et l'abstention ou une surveillance active. J'épluche la littérature et je peine à me faire une opinion sur ces aspects de la maladie, preuve aussi que le débat n'est pas tranché et que ce que j'écris aujourd'hui peut être remis en question demain.

On va voir que le diagnostic de certitude repose sur la biopsie, mais que celle-ci est décidée sur l'aspect d'une échographie ou d'une IRM (imagerie par résonance magnétique), elles-mêmes pratiquées au vu des résultats du TR et du dosage du PSA. Or, on peut ne rien déceler au TR, présenter un PSA normal et malgré tout développer un cancer, ou à l'opposé avoir une « grosseur » au TR, un PSA augmenté et une autre pathologie qu'un cancer. Voilà d'où vient l'ambiguïté. Bref, le danger, sur lequel repose la controverse, est celui d'un diagnostic de masse, avec des biopsies trop nombreuses, qui découvrent des cancers que l'on risque de traiter (ce n'est jamais anodin) alors qu'une surveillance active suffirait. Les recommandations actuelles vont dans le sens d'un dépistage seulement individuel. Mais je grille les étapes ; voyons ce qui se passe dans la vraie vie et ce qui semble utile de savoir afin que vous posiez les bonnes questions à votre généraliste ou votre urologue, le jour où, l'âge aidant, vous serez, messieurs (j'espère que vos compagnes me lisent !), inévitablement confrontés au dépistage du cancer de la prostate. Personne n'est obligé de s'y soumettre, mais autant que ce soit en connaissance de cause ! Les études épidémiologiques montrent que l'immense majorité des patients peuvent être guéris s'ils sont diagnostiqués, suivis et traités à temps. Raison de plus pour retenir quelques idées simples et claires !

Envisageons le meilleur cas de figure. Voici un parcours type de dépistage d'un cancer de la prostate. En dehors de son âge, cet homme de 68 ans n'a pas de facteurs de risque d'un cancer de la prostate ; je pense à un syndrome métabolique, à des facteurs ethniques et à des antécédents familiaux. Dans ces derniers cas de figure, une surveillance attentive doit être mise en route dès l'âge de 40 ans. Notre patient se porte bien, n'a ni douleur du bas-ventre ni signe urinaire, seulement une discrète perte d'appétit sexuel et une érection un brin flemmarde. Le démon de 16 heures est plus rare que celui de midi ! Bref, il est en bonne santé, et pourtant il a un cancer de la prostate ! Que s'est-il passé ?

Franchie la cinquantaine, et même sans être hypocondriaque, notre patient, prudent, s'est prêté à un check-up médical à intervalle régulier ; en théorie, il a eu un TR et un dosage de PSA tous les deux ans en moyenne. Comme le PSA est plus facile à doser que le TR à pratiquer (eh oui !), c'est cet examen biologique qui a donné l'alerte. Un jour, le taux a été supérieur à 4 ng/ml (nanogramme par millilitre), mais inférieur à 10 ng/ml.

Avant de poursuivre, voyons quelques caractéristiques de ce PSA, assez décrié :

– le PSA (Prostate Specific Antigen) est une protéine sécrétée quasi exclusivement par la prostate ; il sert à liquéfier le liquide séminal ;

– difficulté qui explique bien des incertitudes, il peut être augmenté dans d'autres affections dont l'adénome et la prostatite, et n'a plus de valeur prédictive au-delà de 75 ans ;

– autre difficulté, il peut être normal malgré un cancer avéré ;

– il existe une fraction libre et une fraction liée. Cela a une importance dans l'appréciation des taux de PSA ;

– son taux augmente de manière normale avec l'augmentation de la taille de la prostate, normale elle aussi, à partir d'un certain âge.

Revenons à notre patient.

Sachant que guère plus d'un cancer sur trois nécessite d'être traité, il est capital d'apprécier à quelle catégorie appartient celui de notre patient. Il se trouve que le TR a révélé une induration localisée, l'IRM pratiquée a confirmé une petite tumeur localisée. Aucun autre examen n'a été pratiqué (si, un bilan sanguin, mais il est normal). Seuls trois autres contrôles PSA et TR ont été effectués chacun à trois mois d'intervalle. Au total et au bout d'un an, les PSA ont un peu augmenté à chaque examen, mais, et c'est de bon pronostic, le rapport PSA libre/PSA total est largement supérieur à 20 %, la tumeur n'a pas grossi et aucun signe clinique urinaire n'est apparu. Néanmoins, une biopsie « ciblée » (il est suivi dans un service de pointe !) a confirmé un cancer. Aucune diffusion ganglionnaire ni métastases n'ont été décelées. L'urologue a informé notre patient qu'il avait un score de Gleason de groupe 1 (score de 1 à 6), un risque faible dans la classification d'Amico, et que tout cela était rassurant (voir plus bas). Informé sur des complications survenues à la suite de biopsies, le patient a été réticent à l'annonce de cet examen.

– Docteur, la biopsie, je n'ai pas trop confiance !

– Vous n'avez pas de raison d'être inquiet. D'abord, elle n'est faite que parce que l'IRM a confirmé la présence d'une tumeur. Je ne vais biopsier que cette tumeur. Vous aurez peut-être un peu de sang dans les urines les jours suivants, cela disparaîtra seul. Et je vais vous mettre sous antibiotiques pour éviter toute complication infectieuse.

– C'est douloureux, docteur ?

– Je vous ferai une légère anesthésie locale, et ça restera très confortable.

Le score de Gleason (Donald F. Gleason, 1920-2008) date de 1966 et a été réactualisé en 2005. C'est le facteur pronostique majeur du cancer de la prostate. Il établit un classement en fonction non seulement de la présence tumorale, mais aussi de la modification de l'architecture de la glande. Quant à Anthony V. d'Amico (Professor of Radiation Oncology, Harvard Medical School), il a établi la classification la plus utilisée aujourd'hui pour apprécier la gravité d'un cancer de la prostate localisé (de risque faible à risque élevé).

Terminons l'histoire de notre patient.

Un an après avoir constaté l'élévation de son PSA (entre 4 et 10 ng/ml), son urologue lui a proposé, en lui demandant son accord, de ne pas traiter son cancer ! Comme c'est un médecin prudent, il a ajouté « pour l'instant » et

« avec un peu de chance, définitivement ». Puis, il lui a expliqué qu'il allait, avec lui, mettre en place une surveillance active basée sur l'évolution du taux de PSA et le TR. Il l'a enfin rassuré en lui disant que, même si un traitement devait être envisagé dans dix ans, ce qui était loin d'être sûr, il serait aussi efficace que si on le commençait aujourd'hui, et de toute façon, de bon pronostic.

– Je peux partir tranquille, docteur, si je me plie à cette surveillance ?

– Oui, ne vous inquiétez pas, il est plus fréquent de mourir de vieillesse que d'un cancer de la prostate.

Je ne veux pas conclure en laissant penser que les cancers de la prostate sont une promenade de santé. Nous avons vu le cas le plus favorable, qui est aussi le plus fréquent, mais même dans ce cas, le cancer nécessite parfois (25 % des cas) d'être traité après plusieurs années d'une lente évolution. Il en va autrement d'un cancer découvert par une augmentation du PSA au-delà de 10 ng/ml, sans autre hypothèse qu'un cancer probable. L'évolution du PSA, de l'imagerie et des biopsies est capitale. De nombreux cas de figure sont possibles, car les cellules cancéreuses peuvent disséminer dans la glande, toucher les tissus adjacents, envahir un ou plusieurs ganglions, voire être métastatiques. Dans tous les cas et tout au long de la maladie, les traitements sont guidés par les scores de Gleason et d'Amico que nous avons vus, ainsi que par d'autres grilles d'appréciation comme le score TNM (T pour extension de la Tumeur, N pour envahissement ganglionnaire [*node,* en anglais], M pour métastase).

Ces cancers traités (chirurgie, radiothérapie, curiethérapie, hormonothérapie en présence de métastases) ont tous une incidence sur la fonction urinaire et/ou la sexualité.

On se doute que la correction de ces troubles est une partie intégrante du suivi de ces patients.

### *Les prostatites*

À la suite du chapitre précédent, on a un peu envie de souffler mais on ne peut pas ignorer la prostatite, ou plutôt les prostatites, aiguë et chronique. La forme aiguë n'est pas rare, comme n'est pas rare la cystite, une infection vésicale, toutes deux dues à la remontée par l'urètre de germes intestinaux pour la plupart. La prostatite est un épisode violent, douloureux, fiévreux, associé à des brûlures urinaires et une fatigue intense. Il peut aller jusqu'à la rétention aiguë d'urine, qu'il faut drainer en urgence, ou à une septicémie requérant une large antibiothérapie. En dehors de ces formes, l'antibiothérapie est néanmoins de règle, après un prélèvement urinaire (ECBU), afin qu'elle soit adaptée au mieux aux germes en cause. Bref, une maladie fatigante par elle-même et par les traitements, quatre à six semaines d'antibiotiques, qu'elle nécessite. J'ai lu que des sinusites chroniques peuvent augmenter le risque de prostatite aiguë ; à confirmer, mais bizarre !

Bien différentes sur le plan clinique sont les prostatites chroniques. Vous vous souvenez peut-être des difficultés qu'ont les spécialistes à se mettre d'accord sur la segmentation de la prostate ; ce n'est rien par rapport au flou ou aux désaccords entre spécialistes sur la classification et le traitement de ces formes chroniques. Comment y voir clair ? En disant d'abord que la douleur est leur dénominateur commun. Ce sont des douleurs du périnée, chroniques, fluctuantes, à type de lourdeurs, irradiant dans la verge ou le bas-ventre. C'est leur persistance au-delà de trois mois qui signe la prostatite chronique. À l'évidence, elles ont un retentissement sur le moral et la sexualité. On privilégie deux types d'examen pour essayer de caractériser la maladie : l'IRM à la recherche d'une pathologie prostatique sous-jacente et le prélèvement de sécrétions prostatiques par un massage de la prostate. Trois cas de figure semblent identifiés, chaque fois dans un contexte douloureux : la présence de germes, la présence de globules blancs sans germes et l'absence de germes et de globules blancs. En dehors de la première catégorie, où la mise sous antibiotiques est systématique, la question se pose du traitement des deux autres. N'étant pas sûrs que la présence de globules blancs est pathologique, certains urologues donnent un autre nom à cette affection, celui de « syndrome douloureux pelvien chronique ». Les traitements (antibiotiques, alphabloquants, anti-inflammatoires) sont empiriques et de résultats aléatoires, les cures thermales semblant toutefois d'un apport précieux (Châtel-Guyon, Capvern-les-Bains). Enfin, l'IRM révèle souvent la présence de microcalculs, très fréquents après 50 ans et n'ayant pas le pronostic péjoratif des calculs hépatiques ou rénaux. L'abstention thérapeutique est de mise si une infection n'est pas associée, et c'est seulement en présence de calculs de plus grosse taille et d'une prostatite récidivante et désespérément chronique qu'une prostatectomie est envisagée.

## *Un dernier conseil aux seniors*

Oubliez l'inestimable avantage que nous avons sur les femmes, et pissez assis. C'est moins viril, mais ça permet de mieux vidanger la vessie !

## Oubliez la vénérologie ! pensez IST

### *MST ou IST ?*

Il y a un demi-siècle, on parlait déjà de MST (maladie sexuellement transmissible), mais le terme consacré aux infections transmises au cours de rapports sexuels était « maladie vénérienne », et leur science la « vénérologie ». Un truc franchement sexiste quand on sait que Vénus, racine étymologique de « vénérien », est la déesse de l'amour dans la mythologie romaine, l'équivalent d'Aphrodite (épouse d'Hermès et mère d'Hermaphrodite) dans la mythologie grecque. Si les mêmes germes qu'aujourd'hui étaient en cause depuis des siècles, à l'exception du VIH[1], la vénérologie a longtemps été dominée par la syphilis, à tel point que cette dernière fut à l'origine de services hospitaliers ne traitant que d'une spécialité médicale : la « syphiligraphie ». Jusqu'à l'invention et la large diffusion du préservatif, la prévention était quasi inexistante. Face à la syphilis, les rois et les gueux étaient à égalité. Surtout, la maladie était mortelle, en trois stades, dont le dernier, le tabès, autrefois synonyme de « consomption », était la forme neurologique terminale. De nos jours, même si la syphilis tertiaire est en passe d'entrer au musée, on aurait tort de penser que les infections sexuellement transmissibles (IST), leur nouvelle dénomination, se résument au sida, à l'herpès et aux hépatites. Les bactéries se transmettent très facilement et n'ont pas dit leur dernier mot.

Commençons par elles.

1. Le virus de l'immunodéficience humaine, responsable du sida (syndrome d'immunodéficience acquise).

## *Revoilà la vérole !*

On aurait pu la croire disparue de nos contrées, balayée par l'actualité du sida. Il n'en est rien et, à ne plus y prendre garde, nous l'avons laissée évoluer à bas bruit, sans qu'elle perde rien de sa contagiosité. À partir du XVe siècle, la syphilis, au traitement mercuriel plus redoutable que la maladie elle-même, est devenue un phénomène de société, entrant dans le langage courant sous le nom de « petite vérole » (la « grande » s'applique à la variole) ; l'adjectif désignant quelque chose ou quelqu'un de pourri, corrompu, infect, bref, de vérolé. C'est dire l'impression qu'elle a laissée dans l'imagerie populaire. Non seulement par les dégradations corporelles dues à la bactérie (*Treponema pallidum*), mais aussi par la cruauté du seul traitement disponible avant le milieu du XXe siècle : le mercure, en frictions, en emplâtres, en lavages ou en fumigations. Il était à l'origine de tels délabrements que bon nombre de malades préféraient mourir du mal (la petite vérole, dite aussi le « mal de Naples ») que d'être soumis à ces traitements. Puis, au début des années 1940, vint la pénicilline, révolutionnaire, au point d'être toujours l'antibiothérapie de référence de la syphilis. Cliniquement, sa première manifestation, un chancre syphilitique, a exactement le même aspect que celui qui poussa sur la verge du premier mort européen, Martín Alonso Pinzón, capitaine de la flotte de Christophe Colomb au retour des Amériques. Les marins des expéditions suivantes échangèrent leur rougeole contre la syphilis locale, mais les conséquences furent plus désastreuses pour les Amérindiens, bientôt décimés sur l'ensemble du continent.

Depuis cette époque, les descriptions cliniques n'ont guère changé. Le chancre apparaît après une transmission sexuelle et une incubation de trois à quatre semaines. C'est une lésion rosée, indurée, grossièrement arrondie, suintante, indolore, située souvent à la base du gland, plus rarement sur la peau des bourses, ou à la marge de l'anus, parfois au niveau de la bouche. Des ganglions durs et indolores sont systématiquement retrouvés dans l'aine. S'ils sont groupés, il y en a toujours un plus gros que les autres à qui l'on a donné le surnom amusant de « préfet de l'aine ». En trois à six semaines, le chancre disparaît ! Pas le tréponème, parti gagner la circulation lymphatique et se multiplier dans notre organisme. Il lui faut de un mois à un an pour provoquer une poussée de lésions cutanées multiples très polymorphes, la syphilis secondaire. Cela commence par des taches rosées, portant le nom de « roséole syphilitique », disséminées sur le tronc, le dos, mais aussi les muqueuses de la bouche, du gland et de l'anus. Leur présence aux plantes des pieds et aux paumes des mains doit alerter car c'est une localisation rare pour une affection cutanée. Leur localisation au cuir chevelu laisse place à une alopécie en « clairière ». Discrète, la roséole disparaît elle aussi, rapidement remplacée par des érosions superficielles sur les muqueuses, puis, dans une deuxième floraison, par les syphilides (rien à voir avec les sylphides, ces femmes idéalisées !). Ce sont des lésions dites « papuleuses », en relief, envahissant la peau et les muqueuses des organes génitaux, du visage et de la bouche. Grouillantes de germes, elles sont de ce fait très contagieuses. C'est après la guérison spontanée de ces lésions, ne laissant que des traces pigmentées, que se développe la syphilis tertiaire, dominée par les « gommes », des ulcérations très délabrantes, puis l'atteinte neurologique terminale. Je vous épargne les détails (visitez le musée Baretta !), assuré que le peu de poésie des descriptions précédentes est la meilleure incitation à sortir couvert, par tous les temps !

Bonjour, monsieur Baretta. Adieu, monsieur Spitzner.

Bien avant l'invention de l'audiovisuel, les cires anatomiques, des moulages, au réalisme impressionnant, ont été de formidables outils pour l'enseignement de la médecine, de l'anatomie, mais aussi des pathologies. La plus grande collection au monde (4 600 pièces) de cires sur les pathologies dermatologiques se trouve à l'hôpital Saint-Louis de Paris. Débutée en 1850, associée à une riche bibliothèque et iconothèque, cette collection, devenue un musée, s'est enrichie pendant un siècle, en particulier grâce à l'apport d'un artisan céroplaste, Jules Baretta (1833-1923). Une large part est réservée aux maladies des organes génitaux féminins et masculins, et aux maladies vénériennes. C'est un thème qu'un autre personnage, Pierre Spitzner (1813-1894), présenta lui aussi dans sa riche collection de pièces anatomiques dont une grande partie sont en cire. Installé à Paris dès 1856, son « Athaeneum, Muséum anatomique et ethnologique », ou musée Spitzner, en réalité des moulages destinés à enseigner des rudiments de médecine aux visiteurs, devint itinérant à partir de 1885. Il ferma ses portes après guerre (1950) et refit surface en Paris en 1980, à la Maison de la communauté belge et au festival d'Avignon en 1983.

Si j'ai le plaisir de faire visiter régulièrement le Musée Baretta, je suis consterné de voir que l'extraordinaire musée Spitzner, que j'ai contribué à sauver d'une vente à Drouot en 1985, dort depuis vingt ans sous les toits de la faculté de médecine des Saints-Pères en compagnie de l'exceptionnel musée d'Anatomie Delmas-Orfila-Rouvière & Spitzner-Roussel-Uclaf.

## *La blennorragie*

La « blenno » n'a pas dit son dernier mot. Due à la bactérie *Neisseria gonorrhoeæ* (le gonocoque), elle prend aussi le nom de « gonorrhée », plus difficile à écrire que leur synonyme le plus usité, la « chaude-pisse » (la « chtouille » vient peut-être du fait que c'est douloureux, et sûrement pas parce que ça *chatouille* !). La chtouille a au moins l'avantage de mettre en lumière le seul signe clinique d'alerte : la brûlure à la miction, accompagnée à tout moment de l'écoulement d'un pus jaunâtre, signant l'infection. Toutefois, les formes anales et même pharyngées ne sont pas rares.

Certes, isolée, facile à traiter, on pourrait la juger banale quand elle n'est pas vécue par l'ado avec fierté comme une entrée dans la cour des grands.

« Waouh, les mecs, je me tape une de ces chtouilles ! »

C'est une grave erreur, pour au moins deux raisons majeures. La première est que le germe peut remonter tout le tractus urinaire, urétrite, cystite ou pyélonéphrite à la clé, ou le tractus génital, à l'origine d'épididymite, d'orchite ou de prostatite beaucoup plus difficiles à traiter. La deuxième crainte est que la personne infestante soit porteuse d'une autre IST, car l'association est de plus en plus fréquente. J'insiste sur la seule prévention qu'est le préservatif ; on sera avisé de ne pas se contenter d'une antibiothérapie « sauvage », sans avoir fait un vrai bilan médical à la recherche d'autres localisations de la gonorrhée ou d'autres infections associées.

## *Autres urétrites*

Si de nombreux germes, champignons et virus peuvent provoquer des urétrites, les inflammations infectieuses de l'urètre sont dominées par le gonocoque, que nous venons de voir, et les infections à *Chlamydia trachomatis.* Si les troubles sont d'intensité variable en fonction du germe responsable, écoulement d'un liquide jaunâtre, épais, brûlure et troubles mictionnels (besoin d'uriner plus fréquent) sont souvent associés. Le diagnostic d'urétrite est facile, celui de la cause nécessite un examen des urines à la recherche de l'agent pathogène et, en cas d'infection bactérienne (les deux cités plus haut essentiellement), une étude des antibiotiques (antibiogramme) les mieux adaptés. Cet examen s'appelle l'ECBU (examen cytobactériologique des urines) dont vous avez peut-être déjà eu la prescription. Il faut retenir que ces infections sont assez souvent asymptomatiques en dehors de l'écoulement franchement purulent ou un peu opaque, que d'autres IST associées ne sont pas rares et doivent donc être dépistées, que, enfin, comme pour toute maladie se transmettant sexuellement, le traitement du ou des partenaires est impératif, en espérant qu'ils soient connus et consentants. La négligence de ces affections, dans leurs formes cliniques peu gênantes, comporte le danger que les germes « remontent » le tractus urinaire ou génital ; l'occasion d'ajouter des « ite » à tous les organes : épididymite, prostatite, cystite, pyelonéphrite ! À plus long terme, les récidives fréquentes et les traitements trop tardifs peuvent faire le lit d'une sténose de l'urètre, problématique et de correction délicate.

## Le sida

L'association sexe et maladie a toujours fait le terreau des anathèmes, le miel des défenseurs de la vertu et un prétexte pour stigmatiser des individus aux pratiques sexuelles jugées immorales. Ce fut vrai pendant des siècles pour la syphilis, cela recommença en 1980 dès les premiers cas de sida déclarés. De surcroît, les malades étaient tous homosexuels, du pain béni pour les homophobes, empressés de dénoncer « les péchés de chair contre nature ». Le fait que la maladie ait touché en premier lieu les homosexuels et se soit appelée au départ GRID (pour Gay-Related Immunodeficiency Disease) n'est pas étranger à l'indifférence, voire au mépris d'une partie de la population pour une maladie touchant des personnes au comportement jugé déviant. En réalité, le premier cas documenté, datant de 1959, est celui d'un homme vivant au Congo, décédé d'un syndrome de Kaposi. D'autres suivront, porteurs de cette même souche virale inconnue, baptisée à l'époque ZR 59, qui se révéla vingt-cinq ans plus tard être le VIH. C'est le 4 février 1983 que l'équipe de Luc Montagnier et Françoise Barré-Sinoussi réussit enfin à identifier le virus, découverte qui permit à ces deux derniers de recevoir le prix Nobel de physiologie ou médecine en 2008. Les 35 millions de morts depuis le début de l'épidémie sont à comparer aux grandes épidémies tueuses des siècles passés que l'on croyait ne pas revoir au XX^e siècle. À titre d'exemple, on estime à 25 millions le nombre de victimes de la grande peste à la fin du Moyen Âge en Europe, mais il est vrai que la population de l'Europe à cette époque ne devait guère dépasser les 50 millions d'habitants !

Au-delà de ces considérations historiques, je me suis demandé ce qu'il fallait raconter du sida dans un ouvrage comme celui-ci. Ce bref état des lieux ne peut servir qu'à votre culture générale sur ce dramatique phénomène de société. Si vous souhaitez vous documenter en détail sur cette épidémie, consultez les sites de référence (unaids.org, sidaction.org, solidarite-sida.org, aides.org) ou, mieux, rendez-vous dans ces associations, mais évitez toute source d'information sans références médicales sérieuses.

*Un mot de la transmission*

Le vrai risque est celui du rapport non protégé ou de la rupture du préservatif, de l'échange de seringues ou d'objets sexuels, et de toute plaie en contact avec du sperme contaminé (une fellation par exemple, si on a une simple écorchure au niveau des lèvres ou de la bouche !). J'oublie la transmission au fœtus par une mère non traitée. En dehors de cela, on n'attrape pas le sida en serrant une main, en embrassant, même sur la bouche, en s'asseyant sur le siège des toilettes ou en buvant dans un verre ! Ni même dans une piscine où nageraient des personnes contaminées.

*PrEP et PEP*

Le préservatif est loin d'assurer une prévention efficace dans 100 % des cas (80 % chez les hétérosexuels, un peu moins chez les homosexuels). Pour les adultes à haut risque de contamination, deux types de prévention existent. La prophylaxie pré-exposition (PrEP) par voie orale, grâce au TRUVADA (ténofovir disoproxil et emtricitabine) semble avoir une efficacité optimale si les indications, les contre-indications et les schémas thérapeutiques sont bien respectés.

Dans le cas d'un doute sérieux sur une contamination accidentelle, l'urgence, sous quarante-huit heures maximum, est de bénéficier d'un traitement antiviral pendant un mois, un protocole appelé « prophylaxie post-exposition » (PPE). Il n'est pas une garantie absolue d'échapper à la contamination, et cette PPE ne peut être mise en place que par un médecin qui aura apprécié le degré de risque auquel le patient a été exposé. Rappelons que le diagnostic de certitude ne peut être fait qu'à l'occasion d'un test sanguin et après la période d'incubation.

*Parlons signes cliniques*

On oublie que, après une quinzaine de jours d'incubation, le sida peut provoquer un syndrome pseudo-grippal, à type de fièvre, fatigue, courbatures, discrète éruption cutanée. Être séropositif signifie que l'organisme a fabriqué des anticorps contre le VIH et qu'on peut les détecter. En général, dans les trois mois suivant la primo-infection. Les signes disparaissent spontanément et l'état général peut être conservé longtemps, cinq à sept ans, avant qu'ils ne réapparaissent. Le sida « déclaré » est une nouvelle phase où la dégradation du système immunitaire fait le lit de nombreuses maladies opportunistes, qui font la gravité du sida ; candidose digestive, pneumonies, atteinte des ganglions, cancers cutanés (syndrome de Kaposi), entre autres… !

*L'espoir d'éradiquer un jour le sida de la surface de la planète !*

Depuis près de quarante ans, la place du sida est assurément centrale parmi les IST, mobilisant aujourd'hui un département de l'ONU (ONUSIDA) dont l'objectif est d'éradiquer l'épidémie d'ici à 2030. Voilà qui nous rappelle la formidable lutte engagée contre la variole qui aboutit à son élimination totale de la surface de la planète en 1980.

La différence réside dans le fait qu'il n'existe pas de vaccin contre le sida et que les traitements, aussi efficaces soient-ils, ne sont pas curatifs ; ils n'éliminent pas définitivement le virus, à l'abri dans des cellules-réservoirs et réactivables à tout moment. Malgré tout, sous réserve d'un apprentissage de sa maladie, le malade sous traitement peut avoir une vie quasi normale, une vie amoureuse, faire des projets, et des enfants !

En matière d'éradication, il y a de bonnes raisons d'espérer, dans au moins deux directions thérapeutiques. Bien qu'il existe deux types de virus et de nombreuses mutations qui font toute la difficulté de la mise au point des vaccins, la recherche a des chances d'aboutir. Certains vaccins sont préventifs comme le très prometteur RV 144 développé dès 2009 en Thaïlande, donnant une réponse immunitaire dans plus de 30 % des cas ; 50 % de sujets protégés représenteraient un progrès déterminant et permettraient d'envisager une vaccination de masse. La piste des vaccins thérapeutiques (après l'infestation) est explorée, même si les antirétroviraux actuels empêchent toute réplication du virus, sans toutefois le faire disparaître.

Ces données nouvelles sur l'efficacité des traitements actuels et les vaccins à venir, plutôt rassurantes, ont un effet contraire, celui de faire baisser la garde face à une épidémie qui ne faiblit pas. On estime à 150 000 le nombre de personnes séropositives en France, à 6 000 le nombre de nouveaux cas par an en France, et à 30 000 le nombre de personnes porteuses sans le savoir (source : solidarite-sida.org), une maladie qui reste celle des pauvres et des exclus, avec le problème que cela pose de l'accès aux médicaments.

Au total, en tant que médecin, habitué à côtoyer des populations défavorisées, j'ai envie d'être ni rassurant ni alarmiste quant au sida, une maladie devenue sociale, politique et humanitaire. Envie de croire que la solidarité et le refus de la fatalité seront plus forts que les comportements irresponsables et les politiques frileuses, que, un jour, l'accès aux médicaments sera pour tous malgré les égoïsmes et les intérêts financiers, et que tous les acteurs et bénévoles du sida transformeront enfin « un combat perdu d'avance en une espérance qui l'emporte sur la résignation » (Antoine de Caunes, président d'honneur, et Luc Barruet, directeur-fondateur de Solidarité Sida).

## *Les hépatites*

Les Romains connaissaient le foie et son atteinte, le latin *hepatitis* désignant l'organe. Le suffixe « ite » indique qu'il s'agit d'une inflammation de l'organe, aiguë ou chronique, dont l'évolution en cirrhose (fibrose et transformation de l'architecture du foie) et en cancer du foie est la crainte principale.

Il existe cinq types d'hépatites, de A à E. Les B, C et D sont des IST, à la différence des hépatites A et E, dont les virus sont présents dans les selles, une mauvaise hygiène étant responsable de la contamination. Vous m'objecterez que la bouche peut être en contact avec l'anus dans un rapport sexuel, et vous avez raison. Je tempère donc mon affirmation et réintègre, pourquoi pas, ces hépatites dans les IST occasionnelles ! Revenons aux trois précédentes. Dans les types B, C et D, le virus est présent dans le sang, et les modes de contamination sont semblables ; lors de rapports sexuels, vaginaux ou anaux, sans préservatif, lors de fellation ou de cunnilingus, en échangeant des produits contaminés, seringues, piercings, rasoirs et même brosses à dents. En théorie, le lait maternel, la salive, la sueur et les larmes sont contaminants. Enfin, une femme enceinte non traitée peut les transmettre à son enfant. L'hépatite B semblerait la moins préoccupante car le virus est éliminé après la phase aiguë, et l'organisme immunisé, vacciné en quelque sorte. Toutefois, le passage à la chronicité est possible, nécessitant un traitement à vie, seul capable d'éviter des complications à long terme. La chronicité est l'apanage des hépatites C, à transmission essentiellement sanguine, dont la contamination est bien souvent silencieuse. Elles répondent bien aux nouveaux traitements aux antiviraux à action directe (AAD). La D est associée à la B dont elle favorise le passage à la chronicité. De toutes ses formes, les vaccins n'existent que pour les hépatites A et B.

### *L'herpès*

Vous pourriez me reprocher de ne pas avoir commencé par lui. C'est à coup sûr la plus contagieuse et la plus répandue des infections sexuellement transmissibles. On estime à un sur quatre le nombre d'adultes, hommes et femmes, porteurs du virus, mais au vu de la fréquence des formes asymptomatiques (sans signes cliniques), les chiffres dépassent vraisemblablement les 50 % de la population (70 % des Norvégiens selon Brochmann et Støkken Dahl [*Les Joies d'en bas…, op. cit.*]). De quoi parle-t-on ? D'une maladie virale, due à deux virus de structure proche, HSV 1 et HSV 2 (la même famille que les virus du zona ou de la varicelle), responsables de deux maladies « interchangeables », l'herpès labial et l'herpès buccal. Il s'agit d'éruption de vésicules bulleuses, remplies d'un liquide clair grouillant de virus, le tout au sein d'une plaque rouge, inflammatoire. Précédées d'un picotement annonciateur de la maladie, la douleur à type de brûlure n'est pas rare, présente jusqu'à l'assèchement des vésicules, devenant croûteuses avant de disparaître. Tous les degrés de gravité sont possibles, plus prononcés en général lors de la primo-infection (fatigue, fièvre et douleurs musculaires sont souvent associées), très discrets et fugaces parfois, lors de certaines poussées. Chez l'homme, l'herpès génital touche soit le pénis, au niveau du prépuce en particulier, soit le pubis ou l'anus.

Le virus de l'herpès a la particularité de se réfugier au niveau des ganglions nerveux sacrés, à la base du dos. Il se « réveille » et atteint la peau ou les muqueuses, en cheminant le long des nerfs, lors d'épisodes de stress, de nervosité, de fatigue ou de fièvre, des règles chez la femme. Les conséquences sont multiples. Chez une personne gérant bien son stress, à la bonne hygiène de vie, le virus peut sommeiller pendant des années, sans toutefois disparaître. Il n'est alors absolument pas contagieux. Sauf… sauf s'il vient à la peau sans provoquer de signes. Dans tous les cas, il reste une espèce d'épée de Damoclès, un hôte sournois qui ne doit pas signifier la fin d'une vie amoureuse sereine, mais qui nécessite « d'apprendre à vivre avec ». C'est plus simple que ce que l'on imagine. N'étant pas une maladie grave, ne risquant pas de dégénérer, l'herpès pose le problème, banal, de se soigner en cas de poussée. Il est plus délicat quand il faut vivre la maladie au sein d'un couple ou face à un nouveau partenaire. L'apparition dans un couple, chez un des deux partenaires, n'est pas forcément le résultat d'une tromperie, les délais d'apparition étant parfois très longs entre une infestation passée inaperçue et la première crise clinique. Et retrouver avec certitude le partenaire « infestant » n'est pas simple. Quand on se sait porteur et que l'on s'apprête à avoir des rapports sexuels avec un nouveau partenaire, l'attitude ne doit pas être ambiguë. Le dire et bien expliquer ce qu'est l'herpès est le moindre des comportements responsables et honnêtes. Dans plus d'un cas sur deux, si on en croit les statistiques, votre partenaire est déjà porteuse du virus, ce qui simplifie le problème, car la réinfestation n'est pas possible. Dans les autres cas et au début de la relation, le préservatif protège des IST en général, mais pas tout à fait de l'herpès, qui peut être à la peau et se transmettre par le contact ou par l'intermédiaire des caresses. Enfin, avec une partenaire saine, que l'on connaît comme on se connaît soi-même, le préservatif n'est pas indispensable, car on apprend à détecter cette période de quarante-huit heures avant l'éruption, dans une période de fatigue et de stress, limitée à un très discret picotement d'une zone génitale, annonciateur de la poussée ; des jours où il est préférable de ne pas avoir de rapports sexuels.

## *Les condylomes*

Fréquents et plus connus sous le nom de « verrues molles » (ce qui les décrit bien !), les condylomes ont une localisation exclusivement génitale, sur le gland, à la marge de l'urètre, sur le scrotum ou autour de l'anus. On parle aussi de « crêtes de coq », peut-être en faisant allusion à leur consistance, mais pas à leur aspect qui est couleur chair ou rosée. En fait, on décrit plusieurs types de condylomes, bénins dans leur ensemble : les condylomes acuminés, bourgeonnants, parfois disséminés, les condylomes plans, peu visibles, et les condylomes papuleux, couleur peau, à surface lisse. Ils sont dus à un virus, le *Human papillomavirus* (HPV) et, étant sexuellement (très !) transmissibles, touchent aussi bien les hommes que les femmes, mais curieusement avec une prévalence maximale entre 20 et 25 ans. Ils passent pour des affections bénignes, guérissant même spontanément. Pourtant on aurait tort de les négliger, surtout dans leurs localisations peu visibles, comme la marge anale, car une variété de lésions due à un sous-type d'HPV peut devenir cancéreuse. Cela n'est pas fréquent mais mérite qu'un spécialiste (dermatologue, urologue) vous conseille sur la marche à suivre. Retenez que la contagiosité est extrême, que le délai d'incubation est très variable, en jours ou en années, pouvant rendre la recherche du partenaire contaminant difficile, et que les traitements sont nombreux, chimiques, cryogéniques, chirurgicaux, tous, là aussi, affaire de spécialistes. Enfin, face à la fréquence des récidives (un peu moins avec les traitements immunomodulateurs), il est dommage que les vaccins disponibles, par ailleurs efficaces et bien tolérés, ne soient pas plus généralisés chez les hommes ayant de nombreuses partenaires. Si c'est votre cas, n'hésitez pas à le réclamer.

## *Voyage-voyage*

Depuis Vasco de Gama (1469-1524), Christophe Colomb (1451-1506), James Cook (1728-1779) jusqu'aux grands voyageurs d'aujourd'hui qui partent à l'autre bout du monde dès qu'ils ont huit jours de congé, les maladies sexuellement transmissibles se sont répandues dans tous les coins de la planète, au point d'être devenues universelles. De nos jours, on peut attraper le sida à Ushuaïa, la blennorragie à Djibouti, l'herpès à Bénarès, et des crêtes de coq à Vladivostok. Amis globe-trotters, c'est un ancien MSF (Médecin Sans Frontières) qui vous le dit, voyagez couverts ; je ne pense pas aux coups de soleil en écrivant cela, mais aux MSF (Maladies Sans Frontières). En dehors des urétrites bien connues dans nos contrées (syphilitiques, gonococciques, à *chlamydia*, *trichomonas* ou *candida*), les virus font des ravages sous les tropiques, sida, hépatites A, B et C, condylomes, cytomégalovirus (mononucléose), certains lymphomes, le Zika (oui !) et même l'Ebola qui peut être excrété dans le sperme pendant des mois. La liste n'est pas exhaustive, et devrait nous rendre très prudents dans la découverte du charme des amours exotiques. C'est un peu comme avec la nourriture, si vous avez peur des plats locaux, il vaut mieux voyager avec son manger ! Je ne pense pas que du bien du tourisme, mais je ne pense que du mal du tourisme sexuel.

## Roustons, *we have a problem !*

Jouer au docteur est amusant. Quand on est gamin ! À l'âge adulte, si ce n'est plus un jeu, il est cependant fortement conseillé de s'examiner régulièrement et de demander un avis médical dès qu'on est intrigué par un changement dans notre organisme. Il ne s'agit pas d'hypocondrie, mais d'une mesure simple de médecine préventive. En ce qui concerne nos organes génitaux, une information mérite d'être largement diffusée : nous devons nous palper régulièrement les bourses, à l'image de la palpation systématique des seins que les femmes sont censées pratiquer.

Il est utile de savoir quelles sont les principales maladies révélées par la présence d'une boule ou d'un gonflement d'une bourse, d'apparition récente (donc non congénitale). Un avis médical s'impose. L'interrogatoire, les signes cliniques, douleur, fièvre, l'aspect, visible ou non à la peau, la palpation et l'appréciation de la consistance orientent beaucoup un diagnostic que des examens biologiques ou échographiques confirment en général.

### *La torsion du testicule*

En priorité, retenez que les signes laissent peu de doute sur le diagnostic, qu'il faut vite demander conseil, et qu'il s'agit d'une urgence chirurgicale. C'est une pathologie qui touche l'enfant et l'adolescent, plus rarement l'adulte jeune. La torsion concerne un seul testicule ; son embryologie et son anatomie expliquent à elles seules les causes de la torsion. Rappelons que la descente dans le canal inguinal (cinquième mois de grossesse) est accompagnée du cordon testiculaire ou spermatique, où cheminent nerfs, artères, veines et canal déférent. Arrivé au fond des bourses, le testicule est maintenu en place grâce au *gubernaculum testis*. Que celui-ci soit trop lâche ou que le cordon soit trop grand, et voilà deux conditions réunies pour que le testicule tourne, entraînant le cordon et tordant son contenu en spirale. Le blocage des artères déférentielles et des veines spermatiques conditionne l'avenir immédiat du testicule. Plusieurs signes locaux, unilatéraux, sont constants dans la torsion ; une douleur aiguë, surtout brutale, pouvant irradier au bas-ventre, une tuméfaction du scrotum, rouge ou non, le testicule atteint étant remonté et bloqué au niveau de l'orifice externe du canal inguinal (par perte du réflexe crémastérien). En urgence, un médecin peut tenter manuellement de détordre le cordon. Ce qui peut aussi arriver spontanément. En cas d'échec, l'intervention est inévitable et dans un délai qu'on estime inférieur à six heures si on veut sauver le testicule. On apprécie en peropératoire la récupération du testicule et, s'il est viable, on le fixe à la bourse (orchipexie) afin d'éviter les récidives. On fixe souvent son voisin par la même occasion. En anatomiste confirmé ayant lu les pages précédentes, vous savez désormais ce qu'est l'hydatide de Morgagni. Mais, si ! C'est un (parfois plusieurs) petit vestige pédiculé présent au sommet de l'épididyme. Il peut lui aussi se tordre, à l'origine de symptômes moins marqués que dans la torsion du testicule ; on le voit alors très bien en éclairant la peau des bourses, dans l'obscurité, à la lueur d'une lampe électrique (comme les lèvres et le pli palmaire du pouce), donnant le *blue dot sign* (signe du point bleu) caractéristique de cette pathologie. Dès qu'on s'est assuré du bon diagnostic, le traitement est d'abord médicamenteux, anti-inflammatoire.

## *La varicocèle*

Voilà encore une histoire de cordon inguinal. Cette fois-ci, elle concerne le réseau veineux (on parle de « plexus ») qui le parcourt. En général, les veines de l'organisme sont fragiles, surtout celles de moyen calibre. Leur boulot consiste à remonter (ou redescendre !) le sang vers le cœur, qui, lui, l'attire et le refoule vers les poumons en se contractant. Pour cela, elles disposent d'une couche de cellules musculaires lisses et de valves antireflux. Mais les unes et les autres sont frêles, et la moindre faiblesse est responsable d'une stase à l'origine de varices, du nom d'« hémorroïdes » pour les veines rectales, de « varicocèle » pour celles du cordon spermatique. On comprend que la varicocèle ne soit ni rare ni grave, mais qu'elle puisse prendre toutes les tailles, et évoluer au cours de la vie. De l'absence totale de gêne à une pesanteur ou un gonflement unilatéral des bourses, légèrement douloureux, tous les stades cliniques sont possibles et guident le traitement (de l'abstention à la correction chirurgicale). Le diagnostic repose sur une sensation de sac de noisettes ou de vers grouillants à la palpation ; en règle générale, l'échographie est très parlante. Deux particularités sont à noter : la possible et contestable incidence sur la fertilité, du fait qu'une varicocèle réchauffe le testicule, et l'observation curieuse mais logique de varicocèle gauche dans 95 % des cas. Elle est due à un coude sur le retour veineux rénal de ce côté, qui n'existe pas à droite.

## *L'hydrocèle*

Le canal inguinal n'a pas fini de faire des siennes ! Il permet au testicule suspendu à son cordon de descendre dans les bourses avant la naissance ou peu de temps après. Il se ferme alors, sauf dans certains cas où un peu de liquide abdominal peut gagner les bourses, constituant une hydrocèle congénitale, la plupart du temps de résorption spontanée.

Mais elle peut apparaître à l'âge adulte, sans cause évidente, ou à la suite d'affections ou d'interventions sur la région. Elle est due alors à une sécrétion séreuse provenant de la vaginale entourant le testicule. Négligée, l'hydrocèle n'a guère de limites à son expansion, surtout en position debout !

## *L'épididymite aiguë*

Elle est inflammatoire et infectieuse ; on parle d'« orchi-épididymite » si le testicule est atteint. C'est pratiquement la seule affection qui puisse être confondue avec une torsion du testicule, mais la douleur est d'apparition plus progressive et la fièvre souvent associée. Une bonne façon de faire la différence entre les deux affections est de soulever le testicule ; si la douleur disparaît, il s'agit d'une épididymite, si elle persiste, la torsion est probable. Cela s'appelle le « signe de Prehn » (ou « signe du gouverneur »). Immobilisation du testicule, autant que possible, refroidissement local et antibiothérapie constituent l'essentiel du traitement.

## *Les oreillons*

Il faut particulièrement s'en méfier chez l'adulte. Le *paramyxovirus* responsable de la maladie touche les testicules dans un quart des cas. L'orchite, dite « ourlienne », se manifeste au cours de l'infection générale (fièvre, inflammation des parotides, angine parfois, altération de l'état général) par des douleurs testiculaires aiguës, accompagnées de gonflements et d'une grande sensibilité locale. Le risque est celui d'une stérilité ; il impose un traitement rapide, identique à celui des épididymites. Plus rarement, les orchites sont dues à d'autres virus (mononucléose, varicelle) ou des bactéries.

## *Le kyste de l'épididyme*

Banal, au point de ne pas nécessiter qu'on s'en préoccupe s'il ne provoque aucune gêne, s'il ne grossit pas et, j'aurais dû commencer par là, si un médecin a confirmé le diagnostic. Par chance, ce kyste liquidien est bénin et ne peut dégénérer. Celui-ci se forme aux dépens de la tête de l'épididyme.

## *Un coup dans les roustons*

Parions qu'aucun homme au monde ne peut se vanter de n'avoir jamais pris un coup dans les parties. « Tout petit déjà... », comme disait Coluche. Je ne raconterai donc pas aux hommes cette douleur, et je suis bien en peine d'expliquer aux femmes à quoi elle ressemble. Un choc sur un sein provoque peut-être une sensation comparable ! Quelque chose comme une douleur sourde, soit locale, soit remontant dans l'aine, coupant le souffle. Son intensité dépend de la violence du choc. Par bonheur, dans la majorité des cas, il n'y a aucune séquelle, l'albuginée qui entoure les testicules étant un tissu très résistant, et le plexus vasculo-nerveux étant lui aussi bien protégé dans le cordon spermatique. Quoi qu'il en soit, toute persistance de cette douleur, tout changement d'aspect des bourses, toute douleur associée, au pénis, au pubis ou au périnée doivent pousser à consulter afin de rechercher un hématome, voire une fracture du testicule si l'albuginée est rompue. Et des lésions annexes, notamment de l'épididyme et du cordon. Le traitement de la forme non compliquée est simple ! Soit se mettre en boule, soit danser sur un pied, en attendant que la douleur passe.

## *Une tumeur du testicule*

En dehors de nous provoquer la nausée pour la raison que l'on sait, on devrait remercier Lance Armstrong ! Il a fait prendre conscience à quelques millions d'hommes que le cancer des testicules (le pluriel est de trop !) est une maladie de l'homme jeune et que l'on peut en guérir. Mais avant tout, partons d'un postulat ; si une tumeur peut être bénigne (un kyste), une tumeur du testicule doit être considérée comme étant un cancer, jusqu'à preuve du contraire (recommandation de l'Association française d'urologie). On doit avoir la même attitude face à une grosseur dans un sein chez une femme. Chez l'homme, il ne s'agit pas d'affoler les foules, mais de provoquer le seul bon réflexe lorsqu'on se décèle une quelconque grosseur dans un testicule, même indolore, à savoir consulter un médecin ! En effet, si l'on pense que cancer = douleur, on a tort, là comme dans beaucoup d'autres localisations. Au niveau des testicules, la forme clinique de cancer la plus fréquente est la présence d'une masse dure, indolore, de taille variable, ne régressant pas. À côté de ce tableau univoque, les tableaux cliniques sont légion. Douleur localisée ou irradiante, lourdeur, gonflement d'un testicule, progressif ou brutal, sensation de gêne ; en clair, le moindre signe anormal doit alerter. Les signes à distance, gonflement des seins, douleurs lombaires ou abdominales sont plus rares et peuvent retarder le diagnostic si l'on ne fait pas le lien avec les testicules. Enfin, deux types d'antécédents médicaux nécessitent une surveillance régulière : les antécédents de cryptorchidie (un testicule non descendu dans les bourses à la naissance) et, logiquement, un premier cancer de l'autre testicule. Dans cette hypothèse, il aura été enlevé, car c'est la base du traitement, mais il en reste un, à surveiller !

Vous vous doutez bien qu'on n'enlève pas un testicule sur une simple suspicion ; il faut un diagnostic de certitude. En dehors d'un bilan de santé général, celui-ci repose sur deux examens clés, une échographie et un examen biologique. L'échographie montre le contour de la tumeur, unique ou en plusieurs masses, et leur vascularisation. L'examen de sang recherche ce qu'on appelle des « marqueurs », ici caractéristiques de ce cancer. Leur interprétation est délicate, affaire de spécialistes, capitale pour le diagnostic, la recherche de métastases, le suivi du traitement et l'évaluation du pronostic. Si le traitement chirurgical est incontournable, chimiothérapie, radiothérapie et curage des ganglions l'accompagnent ou non en fonction de son stade de développement (TNM, tumeur, ganglion [*node*], métastase, de I à IV). La proposition de recueil de sperme préalable est systématique ; elle a pour but de pallier une éventuelle infertilité secondaire (la plupart des cancers touchent les cellules productrices de spermatozoïdes). Quant à la sexualité, si elle n'a pas de raisons objectives d'être perturbée, en dehors de la fatigue initiale engendrée par les traitements, elle peut bénéficier d'une aide psychologique, car l'atteinte physique a souvent une incidence sur l'image du corps et sur ses capacités sexuelles.

Si vous êtes un peu hypocondriaque ou que cette lecture est anxiogène, continuez à vous palper les testicules. C'est en effet le meilleur moyen de diagnostiquer le cancer à un stade précoce ; je ne peux que vous encourager à visionner sur YouTube « Le Monde merveilleux des cuys » (prononcez « couilles »), un spot médical intelligent réalisé par l'association Cancer Testiculaire Canada. On montre, en utilisant ces petites bestioles, comment se palper les testicules sur toutes les faces. Le cancer du testicule atteint surtout la tranche d'âge entre 15 et 35 ans, il est rare, un peu plus de 2 000 cas par an en France, et a, avec le cancer de la prostate, le meilleur pronostic de tous les cancers de l'homme, tous stades confondus.

Le cancer de la verge

Rare, touchant essentiellement des sujets âgés, il est représenté dans 95 % des cas par les carcinomes épidermoïdes. L'épiderme est la partie superficielle de la peau, au-dessus du derme, constitué de plusieurs couches, basale en profondeur, cornée à la surface, sauf dans les muqueuses. Il faut retenir que deux affections touchant le gland, du méat au sillon balano-préputial, sont à surveiller : ce qu'on appelle le lichen scléro-atrophique, donnant des lésions blanchâtres pouvant confluer en plaques, et les condylomes vénériens (voir p. 193). Il n'y a pas un seul type de carcinome épidermoïde, mais de nombreuses formes histologiques (type de cellules), et cliniques, des plus envahissantes au pronostic réservé aux plus locales ne diffusant jamais dans les tissus profonds. Pour toutes ces raisons, on imagine que le diagnostic cancérologique est difficile et les traitements en conséquence. Ne laissez jamais évoluer une plaie spontanée de la verge sans consulter un médecin !

## Ça vous chatouille ou ça vous gratouille ?

### *De profondis morpionibus*

Responsables de phtiriase pubienne, les morpions ou poux du pubis (*Phtirius pubis*) sont moins rares qu'on ne le croit et différents des poux du cuir chevelu (*Pediculus humanus capitis*) et des poux du corps (*Pediculus humanus corporis*). C'est néanmoins un pou baladeur qui peut se retrouver dans les aisselles, sur un thorax velu, dans la barbe et même les cils. Il faut dire que la bestiole est un animal agressif, doté d'un corps trapu, large, monté sur des pattes puissantes et équipé de pinces à l'origine de son surnom de « crabe » dans certains pays. Elles lui servent à piquer son hôte pour se nourrir, une fois qu'il s'est accroché aux grosses branches. Aux poils les plus durs, s'entend. La femelle en profite pour pondre ses lentes afin d'assurer sa descendance avant de se déplacer et d'accomplir de nouveau son petit manège un peu plus loin. Toute cette agitation passe rarement inaperçue ; le grattage en est la conséquence et la surinfection possible si, de surcroît, on a les ongles sales. Le morpion mesurant 2 à 3 mm, il est facilement repérable, comme le sont les fines plaies bleuâtres à la base des poils où il s'est fait les dents. En cas de doute, on décrit un curieux « signe du slip », dû à ses déjections poudreuses au fond du slip sous forme d'une ligne brune (qu'on ne doit pas confondre avec autre chose !). Comme il s'agit dans la majorité des cas d'une transmission sexuelle, on préviendra le ou les partenaires. La recherche d'autres

IST peut être utile sur ce terrain, bien que la présence de morpions ne soit pas le fait systématique de patients à l'hygiène douteuse. Des traitements en spray à base de pyréthrines naturelles sont efficaces, mais le meilleur traitement est le rasage complet et la désinfection de tous les linges susceptibles d'héberger les morpions (ils ne vivent que vingt-quatre heures en dehors du contact humain, les lentes plus longtemps).

Deux notes d'humour clôtureront ces aventures pubiennes.

Se toucher les parties sexuelles est un geste essentiellement masculin et d'un goût douteux. Le grattage de lésions dues à des morpions en est rarement la cause. Ne connaissant pas d'enquête sur les raisons d'un tel comportement, je livre cette énigme à votre expérience ou à votre imagination. Quelques hypothèses crédibles émergent : remettre à sa place le « paquet » parti du mauvais côté du pantalon, décoincer un poil coincé dans le prépuce, copier une manie jacksonienne, calmer une démangeaison psychosomatique, décoller les « bonbons collés au papier », selon la métaphore populaire, insulter son vis-à-vis en mimant un « tu me les brises », ou simplement se rassurer sur la présence de l'objet viril par excellence.

Et pour terminer en chanson, voici un des très nombreux couplets d'une des plus célèbres chansons de salle de garde : *De profondis morpionibus.*

*La bataille fut gigantesque*
*Tous les morpions périrent ou presque*
*À l'exception des plus trapus*
*Qui s'accrochèrent aux poils du cul.*
*De profondis morpionibus*
*La lalalala lalalala lalalala, zob !*

## *Le pari des champignons*

On sait que les champignons, gros ou petits, sont à l'aise dans les atmosphères humides, plutôt ombragées, voire à l'abri de la lumière pour certains. Nos slips, nos plis de l'aine et le dessous des bourses partagent ces caractéristiques avec les sous-bois ; ce sont des lieux de prédilection pour la pousse de ces organites microscopiques, qui n'en sont pas moins de l'ordre des champignons. Les maladies dont ils sont responsables se nomment « infections fongiques » ou « mycoses ». Même situées au niveau des organes sexuels, elles ne sont pas sexuellement transmissibles, mais fréquemment récidivantes, responsables de lésions parfois étendues et de démangeaisons gênantes. La plus commune est l'eczéma marginé de Hébra, encore appelé « intertrigo inguinal » ou « teigne inguinale » ou « *tinea cruris* » dans la dénomination de Linné (je crois n'avoir rien oublié !). Il se développe surtout à la surface interne des cuisses, formant des plaques rouges, aux bords squameux assez bien délimités. Rien d'alarmant, mais ce sont des lésions peu esthétiques l'été, débordant du maillot de bain (pas du caleçon), prurigineuses ; elles diffusent fréquemment aux ongles (onychomycose) et aux plis des orteils (le pied d'athlète bien connu des sportifs), quand elles ne viennent pas de ces localisations premières. Pour information, le petit nom de cet hôte indésirable est *Trichophyton rubrum*. Il a un collègue responsable des mêmes désordres, mais un peu plus agressif et contagieux, l'*Epidermophyton floccosum*.

Ces affections touchent surtout les hommes, les femmes présentant plus communément des candidoses vulvo-vaginales, dues à des levures (*Candida albicans* ou *Candida glabrata*), plus rares chez l'homme.

## Le curieux Acanthosis nigricans

Curieux déjà par son origine, pas clairement élucidée ; on évoque la résistance à l'insuline, des médicaments comme l'hormone de croissance. L'obésité semble constante chez ces patients qui présentent, au niveau de l'aine et des parties génitales, des zones de peau sombre, épaisse, sèche, indolore, parfois siège d'excroissances semblables à des verrues. D'autres localisations sont possibles, le cou, les aisselles, les plis en général, les peaux noires étant plus fréquemment touchées. Deux formes existent, une bénigne, un *pseudo-acanthosis*, et une maligne, heureusement la plus rare, qui est la « signature » à la peau d'un cancer intestinal ou de l'appareil génito-urinaire.

## Anus horribilis

Nous avons vu que l'anus et le canal anal sont des zones particulièrement érogènes, très imbriquées, anatomiquement et physiologiquement, avec l'appareil génital masculin. Une hygiène quotidienne n'empêche pas que leur structure particulière, plissée, d'observation malcommode, et les matières qui les traversent fassent le lit d'affections ou d'infections nécessitant un traitement rapide et soigneux. Celles-ci sont nombreuses, non spécifiques à l'homme car l'anatomie de la région est comparable chez la femme, et à l'origine d'une spécialité, la proctologie. Trois affections dominent la pathologie de la région : les hémorroïdes, les fissures anales et les fistules anales.

N'étant pas la partie du corps humain la plus facile à maintenir propre tout au long de la journée, on conçoit que les infections microbiennes soient fréquentes. Sur ce point, je vous renvoie au chapitre « L'hygiène » qui est aussi un chapitre sur la prévention. Et en attendant, je vous livre ce conseil : si vous avez mal au derrière (passez-moi cette acception populaire, elle concerne l'anus !), si vous remarquez du sang sur le papier toilette ou dans vos selles, si ça vous démange anormalement, n'essayez pas de vous tripoter ni de vous autodiagnostiquer, allez consulter votre médecin. En dehors d'être l'homme de l'art, il est plus à l'aise que vous pour regarder ce qui vous amène. Même si cela vous oblige à exposer votre trou de balle dans une de ces positions qui ne font rien pour la grandeur de l'Homme.

## *Les racines de cocotiers dans le cul* (Traduction littérale du mot cambodgien désignant les hémorroïdes)

Qui a déjà vu un paquet d'hémorroïdes… et des racines de cocotiers ne peut être que frappé par leur ressemblance. Si vous voyagez au Cambodge, Mme Sok Ang, guérisseuse d'hémorroïdes basée à une trentaine de kilomètres de Phnom Penh, pourra vous le confirmer. Et vous soigner au besoin, surtout si vous avez abusé la veille de plats trop épicés. Je ne sais pas la proportion d'hommes de 60 ans qui ont eu au moins une poussée d'hémorroïdes, mais nous devons être une large majorité. Voilà typiquement le genre de désagrément médical qui, bien que banal dans la plupart des cas, nous ferait réfléchir à deux fois avant de devenir adeptes de la cuisine pimentée. Je fais une fixette sur la cuisine asiatique, assurément pour des raisons personnelles, mais il est bien d'autres circonstances dans lesquelles les hémorroïdes sont susceptibles de devenir gênantes ou même douloureuses.

Mais je vais trop vite. Corrigeons d'abord quelques idées reçues. *Stricto sensu*, le mot « hémorroïde » ne désigne pas une maladie, mais un réseau veineux que nous possédons tous, sans exception. Les veines incriminées dans la maladie qui porte leur nom sont appelées « veines rectales inférieures », « hémorroïdales » ou tout simplement « hémorroïdes » ; seules ces veines sont à l'origine des hémorroïdes (la maladie), internes dans un cas, externes dans l'autre. Vous comprenez mieux maintenant mon souci de trouver un synonyme à « hémorroïdes ». Même s'il m'a fallu me rendre au bout du monde pour en dénicher un. Pendant que j'y suis, et parce qu'un peu de culture médicale n'a jamais nui à personne, sachez que les veines hémorroïdales ramènent au cœur le sang venant des artères rectales (on ne dit pas « artères hémorroïdales »), moyennes et inférieures, elles-mêmes issues de l'artère iliaque hypogastrique. Cette dernière irrigue aussi une grande partie de l'appareil génital, masculin comme féminin. Il y a plus intéressant : les veines hémorroïdales inférieures se jettent dans un système veineux dit « cave », toutes les autres veines du système digestif se jettent dans le système dit « porte » (sauf les veines sublinguales). Or il se trouve que ce système cave rejoint directement le cœur sans passer par le foie, cette grosse usine de transformation, à la différence du système porte. Résultat, un médicament passant en partie dans les veines hémorroïdales diffuse une première fois dans tout l'organisme avant que ses principes actifs ne soient dégradés par le foie (*idem* pour les intraveineuses, les intramusculaires et les médicaments à absorption sublinguale). Ces médicaments s'appellent des... suppositoires. Il paraît que nous sommes pratiquement les seuls au monde à nous administrer des suppos ; continuons à le faire en nous moquant des quolibets ! En revanche, je ne prendrais pas la défense du thermomètre rectal avec la même ferveur.

Les veines hémorroïdales ne sont pas seulement utiles pour drainer le sang apporté par les artères. Faisant saillie dans le rectum et dans l'anus, elles participent à notre capacité à émettre des selles au moment qui nous arrange. Sauf si on a mangé trop de pruneaux ! Elles renforcent l'action du sphincter externe de l'anus, celui que l'on contracte volontairement quand l'envie de déféquer nous prend par surprise alors qu'on juge l'instant inopportun ; le sphincter interne s'étant relâché, lui, de manière autonome sous la pression des selles.

Bienfaisantes hémorroïdes, on le voit ! Ce qui ne les empêche pas de nous provoquer quelques misères. Les hémorroïdes internes gonflent avec l'âge car les tissus qui les entourent, et leur muscle releveur, perdent de leur tonicité. À force, elles peuvent saillir de manière permanente à travers l'anus, et causer douleurs et saignements. Des saignements appelés « rectorragies », du latin *rectum*, qui n'a pas changé, et du grec *rhêgnumi*, je jaillis. Il n'y a pas de règles précises sur la conduite à tenir. Disons que, pour ce type d'hémorroïdes, le traitement médicamenteux est conditionné par la gêne, ou l'absence de gêne, car elles peuvent être discrètes et asymptomatiques. Inutile alors de se tartiner le derrière de pommade antihémorroïdaire ou d'avaler des veinotoniques, toujours d'efficacité discutable. Prendre des précautions sur le plan hygiéno-diététique et s'abstenir de traumatismes dus au passage de corps étrangers (voyez-vous à quoi je fais allusion ?) suffisent. En cas d'hémorroïdes, surtout ne pas s'essuyer avec du papier toilette genre toile émeri, mais avec du coton enduit d'huile d'amande douce, ce qui est bon pour nos délicates marges anales mais redoutable pour nos caleçons. Le must étant un délicat jet d'eau tiède préalable. En revanche, si elles ne rentrent pas spontanément ou à l'aide d'un doigt, un geste chirurgical s'impose sur ce paquet hémorroïdal définitivement extériorisé.

Les hémorroïdes externes méritent plus d'attention, car elles sont potentiellement à l'origine de crises hémorroïdaires très douloureuses dues à leur obstruction par un caillot sanguin. La chirurgie, urgente, est le seul recours.

Les causes des hémorroïdes sont multiples, en dehors d'un facteur héréditaire qui semble indéniable. Il s'agit de tous ces désordres qui font soit gonfler les veines du rectum, soit baisser la tonicité veineuse ; la constipation et la consommation exagérée de laxatifs, l'absence d'activité physique, la position debout prolongée, l'âge, bien sûr, mais aussi les bains trop chauds, la caféine, l'alcool et… les plats trop épicés. On y revient toujours !

Sors de ce corps, étranger !

Dans le catalogue des pièces du musée Dupuytren (établi par M. Houel, 1880), on trouve, écrit au chapitre 4 sur les lésions du rectum : « Les pièces n$^{os}$ 466,

467, 467a sont des corps étrangers venus du dehors et introduits dans le rectum. La première est une chope d'un volume considérable qui a pu être extraite par M. Nélaton, à l'aide d'un forceps et sans la briser. La seconde, n° 467, est une portion de manche de pelle de boulanger, la troisième un couteau. »

Je ne sais pas s'il existe, dans un musée de la Médecine, une vitrine consacrée aux objets retrouvés dans le rectum (à côté de la vitrine des objets retrouvés dans le vagin !), mais rien n'arrête l'imagination des sodomites. Je me souviens d'un patient qui s'était introduit dans le rectum une boule en bois reliée à une ficelle maintenue par un clou. Maintenant la ficelle en tension, il la frottait avec un archer, transmettant les vibrations à tout son bas-ventre. Le clou s'étant arraché, la boule était restée prisonnière !

## *La fissure anale*

La fissure anale non compliquée est assez fréquente, touche les deux sexes et tous les âges, le plus souvent autour de la quarantaine. Le motif de consultation est invariablement des douleurs plus ou moins vives, à type de brûlures, spontanées ou à la défécation, accompagnées ou non de sang dans les selles. L'appréhension de la douleur peut être à l'origine d'une constipation que l'on doit traiter. À l'examen, le médecin écarte doucement les plis de l'anus pour apercevoir la fissure à la base de la marge anale, une sorte de petite déchirure sanguinolente, de 1 à 2 cm de long, en règle générale dans la partie arrière du canal anal. Il est important de retrouver la cause (selles dures, sodomie), ne serait-ce que pour la prévenir, tout en sachant qu'elle peut être d'apparition spontanée, due un défaut de vascularisation de cette zone postérieure de la marge anale, où les fissures sont les plus fréquentes. La participation d'une contraction réflexe du sphincter interne de l'anus est presque toujours associée, le toucher rectal est alors très douloureux, et déconseillé ; cette contraction peut être traitée localement en complément des traitements antalgiques et cicatrisants de la fissure elle-même. La fissure peut devenir chronique, s'infecter, donc de traitement plus délicat, médical ou chirurgical, mais en aucun cas elle ne dégénère en cancer de l'anus.

## *Marisque*

Vous entendrez ou lirez peut-être un jour le terme de « marisque ». Il s'agit de petites excroissances cutanées au niveau de la région anale. Le plus souvent indolores, elles peuvent grossir et se multiplier, être source de gêne, et chez certains patients d'un préjudice esthétique ! Je mentionne ces marisques dans ce chapitre car elles peuvent se développer à la suite de fissures ou d'hémorroïdes. On doit rechercher une pathologie sous-jacente quand elles deviennent douloureuses.

## *Sinus pilonidal*

Dans la même région anale, mais un peu plus haut, dans le pli interfessier, peut se développer un sinus (ou kyste) pilonidal ; un poil qui s'invagine, rentre dans la peau et fait son nid au chaud dans la raie des fesses. L'exérèse chirurgicale, sous anesthésie locale, du kyste et de sa coque (pour éviter les récidives), est recommandée, car les surinfections ne sont pas rares. On comprend mieux pourquoi les hommes poilus, dont la station assise est soumise à des soubresauts répétés, ont fréquemment recours à l'épilation définitive de cette région. Je pense en priorité aux cyclistes, aux cavaliers professionnels et aux chauffeurs routiers !

## *La fistule anale*

Nous possédons sur la circonférence anale une dizaine de glandes minuscules dites de Hermann et Desfosses (ils les ont décrites en 1880). Elles produisent un mucus, par un canal émergeant au fond des cryptes de Morgagni (Jean-Baptiste Morgagni, 1682-1771, véritable précurseur de l'anatomopathologie). Vous pouvez imaginer qu'elles voient passer pas mal de germes au cours de leur existence, donc de la nôtre. Notre hygiène, celle de cette région, est-elle moins bonne que celle des femmes ? Toujours est-il que les fistules sont deux à trois fois plus fréquentes chez l'homme. Elles partent en général d'un abcès et d'une infection purulente de la glande. La fistule correspond à la collection de pus et au trajet qu'il emprunte vers l'extérieur où il lui arrive de s'évacuer spontanément. Dans ce cas, l'intense douleur qu'elle génère peut disparaître et faire croire à une guérison spontanée, en réalité très rare. Quant au trajet fistuleux, très variable, il peut aboucher dans le rectum ou à l'extérieur au niveau de la fesse. Son traitement est toujours chirurgical, nécessitant un drainage de l'abcès et une mise à plat de la fistule. Je vous rassure ; de nos jours, cette intervention est faite sous anesthésie générale. Je vous laisse imaginer, à la lecture de ce qui suit[1], ce qu'a pu endurer notre Roi-Soleil, victime ce jour-là d'une éclipse de lune.

1. In Éric Bouhier, *Le Grand Cabinet des curiosités médicales*, Le Passage, 2013.

La fistule du roi Louis XIV

1686, *annus,* ou plutôt *anus horribilis* pour Louis XIV, chez qui l'on découvre début janvier un abcès de la marge anale, en réalité une fistule anale, dont le traitement relevait d'une intervention chirurgicale mal maîtrisée à l'époque, répondant au nom de « grande opération ». Le chirurgien du roi, Félix de Tassy (1635-1703), s'en chargea, mais en homme consciencieux et inexpérimenté en la matière, il s'exerça au préalable sur plusieurs dizaines de *fistulés* anaux plus ou moins volontaires. Les neuf dixièmes périrent, mais, avec l'expérience acquise, de Tassy mit au point un écarteur et un scalpel courbe qui lui semblait bien adapté au trajet de la fistule, appelé depuis « bistouri royal », aujourd'hui conservé au musée de l'École de médecine de Paris. Le 16 novembre 1686, à 7 heures du matin, de Tassy opéra le roi dans sa chambre, sans anesthésie, mais sous la présence rassurante de Mme de Maintenon, de Louvois, son ministre de la Guerre, de ses médecins, d'un dénommé Laraye (*sic*), et du père La Chaise, son confesseur, au cas où. La plaie, nettoyée et bourrée de charpie, cicatrisa rapidement. De Tassy se vit récompensé de 50 000 écus et du domaine des Moulineaux ; la grande opération devint à la mode, réclamée par tous les porteurs de fistules de l'entourage royal. La petite histoire veut que, quelques mois plus tard, les religieuses de la Maison royale de Saint-Louis composent une cantate pour célébrer la guérison et la visite du roi, intitulée « Dieu sauve le roi » ; les paroles ne seraient autres que celles de l'hymne national anglais « *God save the King* ».

## *Prurit*

Ça me « démange » de quitter ce chapitre sur un symptôme des plus banals, le prurit anal. Ces démangeaisons ont pour particularité d'être le révélateur potentiel d'un grand nombre de maladies, soit d'ordre général, soit proctologiques, soit dermatologiques, locales ou non. Dans tous les cas, elles sont souvent négligées quand la gêne est modérée. Elles peuvent alors disparaître spontanément, s'autoentretenir à force de grattage, voire se surinfecter. Seuls l'examen local (peau et muqueuse grâce à l'anuscopie) et un interrogatoire minutieux peuvent retrouver la cause, à soigner en priorité si elle n'est pas strictement locale. Citons pour mémoire les oxyures, des petits vers fréquents chez l'enfant, mais nous sortons de notre sujet. En revanche, chez l'adulte, le prurit anal peut avoir une conséquence sur la sexualité quand celle-ci n'en est pas la cause. On retrouve bien sûr les affections citées plus haut, fissure, fistule et hémorroïdes, un cancer de la marge anale, rare toutefois, mais aussi des condylomes, sortes de verrues molles que j'évoque avec les IST. Les maladies de système les plus incriminées sont le diabète, la goutte, certaines affections rénales ou de la thyroïde, et des anomalies du sang. Ce sont des domaines spécialisés qui nécessitent les explorations *ad hoc*. Enfin, psoriasis et eczéma (allergique ou de contact) touchent cette région, mais rarement de manière isolée, réclamant là encore un bilan corporel complet.

## Déformations du scrotum

Nous avons vu plus haut les déformations dues aux tumeurs des testicules et aux varicocèles. La hernie inguinale et, d'une manière plus anecdotique, l'éléphantiasis du scrotum sont deux affections qui peuvent aboutir à une déformation des bourses, loin d'être systématique dans la hernie inguinale, si le traitement n'est pas envisagé à temps. Les deux affections ont pour seul autre point en commun de ne pas être des pathologies testiculaires. La première se rencontre sur tous les continents, la seconde est une maladie essentiellement tropicale, devenue de plus en plus rare.

### *La hernie inguinale*

La hernie inguinale touche un homme sur dix ! Il en existe trois types qui n'empruntent pas le même trajet.

– La hernie oblique externe, dite indirecte, peut être, soit congénitale, présente chez le nourrisson, soit acquise, apparaissant alors à l'âge adulte. Dans les deux cas, elle se développe aux dépens du canal inguinal.

– La hernie directe, la plus fréquente, est dite aussi hernie de faiblesse. Elle se constitue aux dépens d'un relâchement de certaines fibres musculaires de la paroi abdominale.

– La hernie crurale ou fémorale (l'aine est aussi appelée région inguino-crurale), est plus basse, à la racine de la cuisse. Responsable de douleurs vives et d'étranglements plus fréquents que les hernies directes et indirectes, elle doit faire l'objet d'une cure chirurgicale dès sa découverte.

En ce qui concerne la hernie oblique externe, on a vu qu'après le cinquième mois de la vie utérine, suspendus à leurs cordons spermatiques (contenant canal déférent et vaisseaux), les testicules entreprennent leur descente dans les bourses, *via* le canal inguinal, histoire d'être un peu plus au frais, condition d'une future bonne spermatogénèse. Une fois les testicules descendus, ce canal se ferme et reste plaqué dans la paroi abdominale, empruntant une direction oblique d'arrière en avant ; ainsi, il ne mesure pas plus de 3 cm entre ses deux orifices, supérieur et inférieur, situés dans l'aine. Un défaut de fermeture de ces orifices est à l'origine d'une hernie inguinale dès la naissance. À l'âge adulte, les orifices cités plus haut, aussi bien fermés soient-ils, contenus par des muscles puissants, sont néanmoins des lieux de prédilection destinés à céder si la pression abdominale est trop forte. Quand la faille est trouvée, même si la hernie n'est à ce stade qu'un simple diverticule, indolore et invisible en position couchée, il est impossible de guérir spontanément. Petit à petit, la hernie devient permanente, s'élargit et bientôt une anse intestinale s'engage dans le canal inguinal et, comme l'ont fait les testicules des décennies avant, tombe au fond du scrotum, donnant ces braguettes déformées qu'arborent certains vieillards qui n'ont pas pu ou pas voulu se faire opérer. La vraie complication à redouter est l'étranglement herniaire. L'œdème autour d'un orifice qui ne laisse plus rentrer une anse intestinale extériorisée ferme cette anse et bloque le transit digestif, responsable d'une occlusion qui est une grande urgence chirurgicale. Douleur aiguë au niveau de l'aine et rapide ballonnement abdominal par l'accumulation de gaz sont les deux signes qui ne laissent en général aucun doute sur le diagnostic.

Heureusement, la plupart des hernies sont réparées à un stade ou elles rentrent spontanément ou à l'aide d'un doigt coiffé de la peau du scrotum. En effet, la sanction chirurgicale est de règle, sauf face à quelques très rares contre-indications pouvant faire l'objet du portage de bandages inguinaux. Le taux de récidive après intervention est estimé à moins de 1 %.

Le mécanisme de la hernie directe est proche, mais le « trou » qui se forme est en dedans de l'orifice inguinal, au travers du fascia transversalis. La paroi abdominale est très solide, faite de muscles croisés et recouverte d'une membrane étanche dont le nom vous parle certainement : le péritoine. Mais le poids des viscères, combiné aux poussées que nous exerçons sur l'abdomen et à l'augmentation consécutive de la pression intra-abdominale, fait que le péritoine, puis les intestins, s'engouffrent dans la moindre faiblesse de la paroi. Chaque toux, chaque effort physique, d'autant plus si on porte des poids importants, chaque effort de poussée chez les constipés, dilacèrent inexorablement quelques fibres de plus, engageant un viscère, l'intestin grêle en général, dans la brèche qui s'agrandit. On parle de hernies de faiblesse ; elles portent bien leur nom, et on se doute qu'elles arrivent de préférence à un âge avancé, signe d'une fonte musculaire et d'un péritoine moins résistant. La douleur locale est rarement importante et non systématique. Rapidement, un petit sac péritonéal se forme et pointe dans l'aine, visible sous la peau, à chaque poussée.

Une dernière cause de protrusion d'un segment d'intestin au niveau de l'aine est le fait d'éventrations, qui n'ont rien à voir avec un certain spécialiste du nom de Jack The Ripper (*Jack l'Éventreur,* 1888), mais sont néanmoins consécutives à une intervention dont les sutures ont lâché.

Entendu un jour en consultation : « J'ai fait une conclusion intestinale à la suite de ma hernie fiscale. »

Une couille qui pend !

En grattant avec une pointe mousse le tiers antéro-supérieur de la cuisse, on déclenche un réflexe dit « crémastérien » provoquant la remontée du testicule dans les bourses, du même côté. Il est dû à la contraction d'un des deux muscles crémasters (un de chaque côté), ceux-là même qui, rétractés par le froid, permettent de mettre les testicules au chaud, au plus près de la paroi abdominale. Dans l'intervention sur les hernies directes ou indirectes (technique de Shouldice), on sectionne le crémaster ; si vous avez été opéré et que vous vous inquiétez d'avoir une couille qui pend définitivement alors que l'autre peut toujours jouer au yo-yo, acceptez-le avec philosophie et dites quand même à votre chirurgien qu'il aurait pu vous prévenir !

## *L'éléphantiasis du scrotum*

On vient de voir comment un scrotum (du latin *scrotum* !) peut prendre des proportions hors du commun sans rapport avec une affection testiculaire. Dans l'histoire de la médecine, il existe une pathologie essentiellement tropicale qui a fait l'étonnement de plus d'un explorateur et a alimenté plus d'une iconographie sur les pathologies exotiques. Il s'agit de l'éléphantiasis du scrotum, dont vous devinez, à décrypter ce nom, la taille et l'aspect qu'il peut prendre. C'est un lymphœdème, une augmentation de la taille des tissus due à un blocage du retour de la lymphe. L'atteinte au niveau des jambes n'est pas rare. Dans l'éléphantiasis du scrotum, de constitution lente, le blocage est dû le plus souvent à des vers parasites du genre filaire, dont les larves sont transmises par des moustiques. Il peut aboutir à des tumeurs scrotales de plus de 60 kg, entraînant des déformations monstrueuses.

## Cancer de l'appareil génital et vie sexuelle

Au fil des chapitres, j'ai évoqué un certain nombre de cancers de l'appareil génital (testicule, prostate, verge, marge anale), parmi les plus fréquents. Si je donne volontairement peu de détails sur les thérapies anticancéreuses, complexes et affaire de spécialistes, il me semble utile d'évoquer le retentissement de ces pathologies, toujours traumatisantes, sur la sexualité du patient, et du couple d'une manière plus générale. Si tous les degrés de dysfonctionnements sexuels sont possibles, le traitement de ces cancers doit s'accompagner de tout un soutien relationnel de mieux en mieux codifié et accessible sous le nom de « psycho-oncologie ». Elle a pour objet la prise en compte de tous les troubles psychiques du patient et de son entourage, engendrés par la maladie et ses traitements, les troubles sexuels étant d'autant plus fréquents que le cancer touche la sphère génitale. La sexualité n'étant pas une fonction physiologique vitale et comportant d'importantes variations d'un individu à l'autre, on doit être aussi attentif à un adulte jeune qui semble résigné à mettre entre parenthèses sa vie sexuelle qu'à un adulte âgé désireux de poursuivre une sexualité que la maladie a pu enrayer.

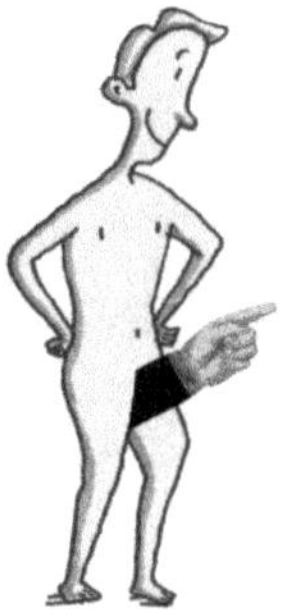

Petit cabinet
des curiosités médicales

Toutes les spécialités médicales possèdent leur lot de raretés, plus ou moins graves ou handicapantes pour les patients qui en sont atteints. Afin de ne pas perturber la lecture des chapitres précédents, j'ai regroupé quelques-unes de ces curiosités dans des miscellanées, une collection de curiosités sans ordre ni chronologie.

## L'orgasme sous Anafranil

L'Anafranil (clomipramine) est un des antidépresseurs les plus anciens dans sa classe de psychotropes, toujours prescrit, et parfois dernier recours chimique capable de corriger un syndrome dépressif grave, au point de parler alors de « sourire Anafranil ». Comme tout produit efficace, il n'est pas dénué d'effets secondaires. Le plus curieux, rare, mais dont les patients ne se plaignent pas toujours, est la survenue d'orgasmes lors de bâillements chez des patients sous Anafranil, chez les hommes comme chez les femmes. Cet effet est d'autant plus incompréhensible que la même molécule a pu être préconisée pour traiter l'éjaculation précoce.

## Le diphallia

En clair, deux pénis ! On conçoit qu'il s'agit d'une malformation congénitale. Rarissime, due à des mutations génétiques, c'est une malformation mineure, accessible à la correction chirurgicale, ou majeure, associée alors à un syndrome polymalformatif débordant de la sphère urogénitale. Elle peut présenter plusieurs aspects, suivant le niveau de division du pénis : elle est soit complète avec deux pénis et un ou deux corps caverneux par organe, soit incomplète, les deux pénis n'étant pas séparés, seul le gland pouvant être bifide.

## Les hyper-refoulés d'Inis Oírr

Mais qu'est-ce qui a pris un jour aux 350 habitants, sûrement de braves gens, d'une petite île au large de l'Irlande pour développer une allergie à toutes les choses du sexe. Je ne risque pas d'être diffusé à la librairie du coin, tant la sexualité et tout ce qui s'y rapporte font l'objet d'un tabou, apparemment entretenu par un clergé très intolérant. Et pourtant, ils arrivent à procréer ! Cela se fait tout habillé, dans le noir, à la va-vite, et avec un minimum de préliminaires. La nudité, même chez l'enfant, et toute conversation sur le sexe sont bien sûr interdites, jusqu'aux clébards qui se prennent un coup de fouet s'ils s'avisent de se lécher le bout du gland ou de renifler le croupion de leur voisin. La bêtise humaine est décidément insondable.

## La testotoxicose

La testotoxicose est une maladie rare, encore appelée « puberté précoce familiale limitée aux garçons » (PPFG). L'enfant, de 2 à 5 ans, présente les signes de la puberté avec un développement de tous les caractères sexuels primaires et secondaires, une accélération de la croissance, mais une fusion des extrémités des os longs précoce, aboutissant à des adultes de petite taille. L'excès de production de testostérone est en cause, réagissant bien en général à un traitement antagoniste des stéroïdes sexuels.

## Le syndrome de la maladie post-orgasmique (SMPO)

Ne touchant que quelques dizaines de personnes dans le monde, ce syndrome d'origine inconnue (peut-être un excès de libération d'endorphines au moment de l'orgasme !) est à l'origine de symptômes apparentés à une allergie ou un syndrome grippal (fatigue, maux de tête, brûlure des yeux, congestion du nez, sécheresse de la gorge, douleurs ou tensions musculaires), associés à des troubles de l'humeur, qui se déclenchent dans les minutes ou les heures suivant un orgasme. Leur persistance durant plusieurs jours et leur apparition quasi systématique à chaque orgasme constituent vite un handicap majeur allant jusqu'à un rejet de toute relation sexuelle chez ces patients.

## Le syndrome 49XXXXY

Ou « maladie de McCune Albright ». Il s'agit d'une mutation, heureusement sporadique, aboutissant à une cellule présentant trois chromosomes X supplémentaires chez le garçon. L'hypogonadisme est constant (micropénis, scrotum peu développé, testicules ectopiques), ainsi qu'un retard mental et une longue liste possible de malformations touchant tous les organes. Malgré tout, ces enfants sont viables tout en nécessitant une prise en charge lourde et constante tout au long de leur vie.

D'autres combinaisons de chromosomes surnuméraires se rencontrent, responsables d'hypogonadisme et de tableaux cliniques variés. C'est le cas du syndrome de Klinefelter ou syndrome XXY, et du curieux *syndrome des hommes,* un pseudo-Klinefelter, identique au Klinefelter sur le plan des signes cliniques, mais chez un sujet au caryotype mâle normal XY. Les mosaïques 48XXYY et 48XXXY, tout aussi rares, partagent les mêmes tableaux cliniques et les mêmes problèmes complexes de prise en charge.

## *L'Objet-Dard*

À ma connaissance, deux sculptures, réalisées à plus d'un demi-siècle de distance, portent le nom d'*Objet-Dard* (avec tiret). Une de Marcel Duchamp, datant de 1962, dont les spécialistes s'échinent, depuis sa création, à savoir s'il s'agit d'un sexe d'homme au repos ou d'un moulage de vagin, l'autre de l'artiste plasticien contemporain Bertrand Lavier, dont on est sûr de la signification : un hommage à Frédéric Dard, reproduisant sur une stèle les titres, datés, de ses 174 *San-Antonio*. Inauguré le 8 décembre 2004, face à la médiathèque municipale de Bourgoin-Jallieu, l'*Objet-Dard* est un assemblage de plaques d'un très beau granit d'Afrique du Sud, vert à veines grises.

## La taghaandan

Cela se passe au Kurdistan iranien où une pratique débile, du nom de « taghaandan », consiste à s'appuyer fortement sur le pénis pour en faire céder l'érection. L'histoire ne dit pas la raison de cette urgence, ni si ça marche, mais elle nous enseigne qu'un nombre important d'hommes, par rapport aux statistiques mondiales de ce genre d'accidents, présentent une fracture du pénis suite à cette manœuvre. On dit « fracture » même s'il ne s'agit pas d'un os (fracture de rate, du foie, etc.). En dehors de ces circonstances curieuses et volontaires, l'accident arrive à la suite de mouvements maladroits quand, lors de rapports sexuels, le pénis vient cogner fortement sur le périnée de la partenaire. Il faut en effet que le pénis soit en érection pour que sa torsion violente déchire un corps caverneux. Le « crac » qui en résulte ne laisse pas de doute quant au diagnostic. Dans la plupart des cas, la réparation chirurgicale se fait sans séquelles.

## Morsure du pénis

Les morsures et plaies du pénis alimentent les faits divers, surtout quand les circonstances sont exceptionnelles. En juin 2016, un jeune Thaïlandais, installé dans ses toilettes, s'est fait mordre par un python de 3 m, dissimulé dans les canalisations. Il s'en est sorti sans séquelles après une chirurgie réparatrice et après avoir relâché l'animal dans la nature. Évoquant ce type d'accident, vous avez peut-être en tête comme moi deux épisodes glaçant de section du pénis : l'un en littérature, dans *Le Monde selon Garp* (1978) de John Irving, où le héros, entrepris par sa passagère tandis qu'il est au volant de sa voiture, se fait sectionner la verge au moment où une voiture le percute violemment. On doit l'autre, au cinéma, à Gérard Depardieu, dans *La Dernière Femme* de Marco Ferreri (1976), qui se sectionne le pénis avec un couteau électrique.

## Le koro

La perte de virilité est une des grandes angoisses de l'homme. On rapporte, en Asie et en Afrique, un syndrome dit de « koro », où les hommes sont victimes de crises collectives dues à la sensation que leur pénis va se rétracter dans leur abdomen, puis disparaître, précédant de peu la mort. On met sur le compte de la sorcellerie ces peurs irraisonnées et sur l'analogie avec le terme malais désignant la tête de la tortue se rétractant dans la carapace l'origine de ce mot. Quelques cas individuels sont connus dans les pays occidentaux.

## Le musée de phallologique islandais

Situé à Reykjavik, ce musée est consacré à la phallologie, l'étude des pénis des mammifères. Il en expose plus de 200, ainsi qu'un certain nombre d'objets sur le même thème. Depuis 2011, grâce à un généreux donateur décédé à l'âge de 95 ans, Sigurdur Hjartarson, les collections se sont enrichies du pénis d'un spécimen de mammifère largement représenté sur Terre, l'homme.

# Notes joyeuses

## Slips et braguettes

Si vous avez bien suivi, un des thèmes de ce livre concerne nos « bijoux de famille ». Que j'évoque brièvement l'histoire de leurs écrins n'est donc pas hors sujet !

On ne saura jamais quel est le premier homme à avoir eu l'idée de se protéger les parties génitales au quotidien, sans doute avec une peau de bête, ou un tressage de feuilles, car l'habitude doit remonter bien avant l'invention du tissu. À moins que l'étui pénien, toujours porté dans quelques rares coins du monde, ne soit l'ancêtre de tous les protège-génitoires de l'humanité. On peut imaginer que ce n'était pas par pudeur, mais à la suite d'une coupure, d'un coup de soleil ou simplement pour éviter que ce paquet de chair molle ne soit blessé ou ne se balance trop, et trop douloureusement, lors des courses destinées à chasser ou à fuir l'aurochs. Depuis l'utilisation de ces longs tubes en calebasse, de ces jupettes en peau d'antilope ou de ces pagnes en pandanus (chez les Maoris, les feuilles tressées de cet arbre au nom prédestiné servaient aussi à fabriquer les voiles des pirogues), jusqu'à l'invention du slip, des millénaires se sont écoulés sans que l'homme ressente le besoin de se coller le service trois-pièces au ras du bas-ventre. En revanche, on peut faire confiance à tous les hommes engagés dans des combats meurtriers : il est certain qu'ils protégeaient leur virilité avec toutes sortes de matériaux naturels ou fabriqués. Tel le subligarium des soldats romains, une sorte de lange recouvert de leur jupette en cuir. Des sports de haut niveau toujours en vogue nous montrent la survivance de ces drôles d'ancêtres de nos slips d'aujourd'hui ; le kispet (*sic*) en peau de vache huilée des lutteurs turcs, le poom-poom, short suisse de la lutte à la culotte, ou le mawashi des sumotori. Le slip tel qu'on le connaît est une invention récente qui remonte au début du XX<sup>e</sup> siècle. Jusqu'à cette époque, la « culotte », chez l'homme, désignait un pantalon, celui que l'on appelait « braie » dans l'Antiquité, puis « hauts-de-chausses » (arrivant aux genoux, largement au-dessus des chaussures ; un pantacourt en réalité) portés par les classes aisées dès le Moyen Âge. Les sans-culottes avaient eux aussi des pantalons descendant jusqu'aux pieds, mais faits de grosse toile, à rayures souvent. Si le slip n'a pas gagné toutes les civilisations, les pantalons (saroual, jodhpurs, knickers, bermudas, etc.) et les sarongs (paréo, sampot, etc.) sont devenus universels. Et beaucoup d'hommes portent encore la chemise longue (la djellaba, la gandoura nord-africaine, le quamis saoudien, le takakat des Touaregs), sans que l'on sache trop ce qu'elle cache… ou pas ! Enfin, ne ranimons pas le débat sur le kilt ; les dessous de l'affaire ne sont pas clairs !

Bref, à quelques exceptions près et de tout temps, les hommes ont préféré avoir les attributs bien aérés, mais dissimulés à la vue. La mode occidentale des pantalons moins amples ou serrés a tout changé. Au XX<sup>e</sup> siècle, le slip (*to slip*, glisser en anglais) est né, d'abord pour une pratique sportive puis vite pour M. Tout-le-Monde. Sagement dissimulé sous le pantalon, sauf chez Superman qui s'habille trop vite, il s'exhibe volontiers dans sa version slip de bain, et, depuis peu, se montre à la ville grâce à la mode du « sagging[1] » (un pantalon porté bas qui donne souvent l'impression que le propriétaire a chié dans son froc). Le slip n'est pas l'invention la plus heureuse de l'homme, tant par l'allure de certains modèles, surtout le kangourou des années 1950 à ouverture latérale, que, plus grave, par la chaleur excessive, proche de celle du corps, dans laquelle il confine les testicules. Au chapitre qui leur est consacré, on a vu la nécessité de les maintenir à une température aux alentours de 34 °C pour assurer une bonne spermatogénèse. Cet inconvénient a été corrigé fortuitement avec le retour en vogue du caleçon, rendu populaire à la suite d'une publicité culte (celle du Lewis 501 – 1985) montrant un homme, le chanteur Nick Kamen, se déshabillant dans une laverie automatique. Le slip n'a pas dit son dernier mot, revenant en force sous la forme d'un boxer, collant ou non, à mi-chemin entre slip et caleçon, dessinant souvent une poche sur le devant, le distinguant des culottes et pantys féminins.

Certains ustensiles assimilés aux slips ont un rôle essentiel dans la préservation de notre capital génital. Ce sont les coquilles utilisées par les sportifs, du boxeur au gardien de but de handball, les suspensoirs à usage plus médical, et les strings, protège-pudeur et porte-billets des Chippendales.

Un mot de la braguette. Il est difficile de passer sous silence un objet d'étude qui a valu le prix Ig-Nobel de médecine en 1993 à James F. Nolan, Thomas J. Stillwell et John P. Sands Jr., médecins, pour leur mémoire de recherche, *Gestion correcte d'un pénis coincé dans une fermeture Éclair.*

1. On trouve l'origine du sagging dans les prisons américaines où le port de la ceinture est interdit.

Elles ont d'abord pris la forme de poches, de plus en plus volumineuses, au point de former, à la Renaissance, une véritable boursouflure, la brayette, que les hommes arboraient avec fierté. Une mode ridicule, qui passa vite, sauf chez les danseurs étoiles. Lui ont succédé une simple fente, fermée plus tard par des boutons ou la fameuse fermeture Éclair, et le pont, braguette rectangulaire des pantalons de marins à « patte d'eph », qui faisaient fureur dans les années 1970.

Dans les premières aventures de Tarzan (*Tarzan of the Apes* [1912], écrit par Edgar Rice Burroughs), le dessinateur nous montre l'enfance et l'adolescence de Tarzan pendant les cinquante premières planches, sans mettre une culotte à son héros. Le représentant nu jusqu'à l'âge adulte, il développe des trésors de perspective pour ne pas avoir à lui dessiner les génitoires. Heureusement, Tarzan tombe un jour sur un sauvage qui vient de tuer son copain gorille. Il le trucide à son tour et en profite pour lui voler son slip en peau de léopard. Ouf, on va enfin voir Tarzan de face. Il est dommage que le dessinateur ait eu des pudeurs et ne nous l'ait pas montré aussi bien monté qu'il était bien musclé. L'un d'eux, pourtant, devait connaître son sujet ; il s'appelait Burne Hogarth !

## Argot & jargon

Les jargonneurs et argotiers (argoteurs ?) de tout poil s'en sont donné à cœur joie en ce qui concerne nos attributs sexuels. Je n'en livre ici que quelques aperçus savoureux, mais je vous renvoie à la riche littérature sur ces mots du corps et ces mots des maux.

S'il n'existe que peu de synonymes du mot « pénis » (verge, membre viril, sexe, queue et phallus), les équivalents sont légion ; une page ne suffirait pas à les répertorier. L'origine de leur création est parfois si obscure qu'aucun dictionnaire ne peut en citer la provenance, sauf quand on peut l'attribuer de manière certaine à l'imagination d'un écrivain. Tentons un vague classement :

– les comparaisons potagères ou culinaires : la nouille (quand il pend), l'andouillette, l'asperge, le panais et le poireau (quand il a fière allure et qu'on se le fait « dégorger ») ;

– les comparaisons animalières : l'asticot (quand il est riquiqui), le lézard, la limace, l'anaconda ;

– les comparaisons imagées : le cigare à moustache, la seringue à perruque, le petit voltigeur, le concombre galant, Jack n'a qu'un œil, la flûte de pan-pan (capable de faire zizi-panpan) ;

– le verlan : la teub, la euq, la zeub ;

– l'argot ancien : le chouart, la hye, la touloire, Philidor ;

– l'argot classique : le chibre, la pine, le nœud, le dard, le vit, la queue, le paf, le bout ;

– l'argot des banlieues : le sgueg, le zboub ;

– les mots enfantins : le robinet, le zizi, la zézette, la quéquette, le petit oiseau ;

– les vantards : la vigoureuse, le coq hardi, le légume d'amour, la défonceuse ;

– les objets et outils communs : le cierge, le bec verseur, l'engin, le crayon ;

– les références à un personnage : la canne à Marcel, le Père Mansour, Charles le Chauve ;

– les géographiques : la biloute (nord de la France), le beffroi (Belgique), le tich (Bruxelles), la bizoune, la mailloche, le moineau (Québec), la poutre de Bamako et le Chinois (qu'on peut se faire polir !) ;

– l'érection : la gaule, la trique, le braquemart, la barre-à-mine, le mât de cocagne, la bébête qui monte, le gourdin, le tricotin ;

– les références bibliques : le petit Jésus, la manette à Moïse, un beau morceau de viande de chrétien ;

– les références d'auteur : le callibistri (Rabelais), le gouvernail (Alfred de Musset) ;

– et, de A comme « agace-fri-fri » à Z comme « zifolard à ombrelle », les centaines d'inventions de l'auteur dont le nom était prédestiné, Frédéric Dard, dit San-Antonio ;

– sans oublier un prénom, une manière de désigner un être familier : Popaul.

Je vous épargne la liste des autres organes dont nous avons vu l'anatomie dans ces pages, car nous n'en finirions pas d'évoquer la « boutique », dite encore le « paquet », avec sa grande orpheline et ses deux sœurs jumelles, mais aussi le troufignon, dit, entre autres, le « pétoulard », le « hublot » et la « rondelle ». Enfin, pour vous rafraîchir la mémoire, parce que cela nous entraîne moins loin et peut toujours servir, je vous livre les principales injures à connotation génitale masculine : peigne-cul, jean-foutre, casse-couilles, p'tite-bite, face-de-cul, couille-molle, tête-de-nœud, pauv'-gland, t'es con comme une bite, et va te faire foutre, enculé !

## Les expressions populaires

Le corps humain est fécond en métaphores, proverbes et expressions populaires. Les organes sexuels et leurs fonctions sont ceux qui ont le plus émoustillé l'imagination, tant des écrivains (merci, dans les listes qui suivent, à Rabelais, Marcel Proust, Céline, Pierre Louÿs, Alphonse Boudard, Jean-Claude Carrière et Frédéric Dard !) que des anonymes au langage fleuri, jamais en panne d'une trouvaille langagière.

Voici un trop bref florilège, sous forme de jeu ; devinez à quoi correspondent ces expressions, pas toujours les plus courantes ! Réponse en bas de page 240.

1 – Agacer le sous-préfet, se faire mousser le créateur, s'astiquer la colonne, la veuve Poignet (les femmes ont la veuve Clito !), se coller un rassis, se passer un Dieu-seul-me-voit (Québec).

2 – Faire la bête à deux dos, donner un coup de guiseau, nettoyer son verre de lampe, mettre le petit Jésus dans la crèche, tremper son lardon dans le lèchefrite, célébrer la messe du soir, s'en prendre un coup dans les échauguettes, emmener Popaul au cirque, faire Zig-Zig (GI en 1945), faire catleya.

3 – Prendre son fade, son grand pied d'acier, avoir les doigts de pied en bouquet de violettes, connaître la petite mort, lâcher… la fumaga, l'huile de reins, le jus d'homme, la crème de jouvence.

4 – Effeuiller la marguerite, prendre sa demi-tasse au café des deux colonnes, déguster une tarte aux poils, aller au casse-croûte, cacheter les enveloppes, faire feuille de rose (un coup de baveuse sur la lucarne enchantée).

5 – S'adresser à l'annexe, se faire casser le hublot, se payer un aller-retour sur le filedingue, brancher le circuit

auxiliaire, agrandir le cercle de ses amis, accentuer sa pression sur les lignes arrière du pack, poignarder le fouinard. Et s'en prendre plein l'abbaye de Cluny, le couloir à lentilles, la pastille Valda ou le puits de nulle grâce.

6 – Se faire mousser le créateur, avaler du sirop de corps d'homme, ripoliner le candélabre, c'est Daladier au château d'If, se faire gober le merlan, se croire à saint Claude.

7 – Avoir le chauve à col roulé qui bombe le torse, un porte-manteau dans la culotte, dormir sur la béquille, dresser les couleurs.

8 – Avoir le kangourou fané, le braque en nougatine, le cigare en torche, démâter, avoir du mou dans la corde à nœuds.

9 – Cracher dans les broussailles, arroser le persil, éternuer à la porte.

10 – Casser la tirelire, faire perdre son berlingue, mettre en perce, forcer la barricade.

Je suis conscient que cette liste, très sommaire par ailleurs, omet les expressions utilisant un mot du sexe de l'homme pour qualifier autre chose qu'un acte sexuel. À chacun, si ça l'amuse, de compléter celles-ci : « avoir les boules », « ça vaut la peau des couilles », « avoir la tête dans le cul », « c'est pas bandant », « en avoir dans le slip », « avoir des couilles au cul », « s'en battre les roustons », « courir sur la prostate ».

RÉPONSES

1 – Masturbation 2 – Faire l'amour 3 – Jouir-Éjaculer 4 – Cunnilingus-Anulingus 5 – Sodomie 6 – Fellation 7 – Érection 8 – La panne 9 – *Coïtus interruptus* 10 – Dépuceler.

En guise de dernière note joyeuse, il aurait été dommage de ne pas citer l'auteur qui a apporté la plus importante contribution à la littérature polissonne, et policière par la même occasion, Frédéric Dard, dit San-Antonio. À travers 183 San-Antonio, il aura mis en scène le personnage le mieux « pourvu » de la littérature mondiale, Bérurier, dit Queue d'Âne, marié à Berthe, dite la Gravosse, honnête femme ayant un jour avoué : « J'l'aye épousé pour pas laisser échapper une bite pareille plutôt que par amour ! »

En matière de positions sexuelles, San-Antonio a lui aussi pris position, et avant tout le monde ! Et même plutôt mille fois qu'une. Ainsi, au terme d'un bon millier d'acrobaties répertoriées tout au long de la vie du commissaire et de ses acolytes, il n'est pas exagéré de dire que l'œuvre san-antonienne, en ce qui concerne les astuces plumardières, relègue le Kamasutra au rang de bréviaire pour collège privé de jeunes filles. Attention toutefois ! Ne négligeant jamais le côté éducatif, San-A ne fait pas l'impasse sur les incontournables missionnaire et levrette, histoire de rappeler aux débutants et aux limités du bulbe qu'une vieille recette peut conserver un certain charme et rester à la liberté sexuelle ce que la 2 CV est à la voiture, un grand classique. Pourtant, si elles véhiculent leur lot de nostalgie, ces positions à-la-papa ignorent une infinie variété de possibilités qu'offre le plaisir de se mélanger à deux, ou plus si affinités. Heureusement pour l'humanité en mal d'imagination, San-Antonio y met bon ordre. Et puisque les personnages de sa grande saga sont tous dotés – voyez comme le hasard fait bien les choses – soit d'attributs hors normes, soit d'une grande appétence sexuelle, que les rencontres et les temps morts de l'intrigue leur permettent d'assouvir, ils ont tout loisir de nous entraîner dans leur science des galipettes foirineuses.

Afin que le lecteur puisse s'y retrouver dans l'encyclopédie des positions sexuelles que San-Antonio nous propose, voici un classement de celles-ci[1], non sans que j'avoue auparavant de très nombreuses lacunes dans leur expérimentation, *in vivo, in situ, de visu*… et, bien entendu : poil-au-cul. De *Adada, opéra bouffe pour clarinette à moustache* à *Y a ton lacet qui se délace,* les grandes catégories sont donc, soit :

– géographiques : le batave moldave, la torpille nipponne, le triporteur hindou, le picador de Séville, le lézard rose des îles aléoutiennes, le palanquin mongol, l'avalée de Chevreuse, le coup du Martien, le chausse-pied de Belleville, etc., etc. ;

– culinaires : la tartine de miel, la patte de homard agressive, le cou d'oie farci, le fixateur à blanc d'œuf, le manche à gigot, le porc frais de Dorian Gray, le trou normand, le banc de belons, fais dos-à-dos t'auras du gâteau, etc., etc. ;

– artisanales : le ramoneur fantasque, l'ouvre-boîtes à manivelle, le fifre baveur, le four à pines, le coup de peigne à Brutus, le presse-citron, le rossignol de serrurier, etc., etc. ;

– anatomiques : le médius musardeur, l'ermite à moustache, la chute de reins du Zambèze, la poignée de main à coulisse, le cure-dents à ressort, l'homme du gros moignon, la bête à veine bleue, etc., etc. ;

– théologiques : le *missi dominici,* le doigt de cour dans le jardin d'Allah, *De profundis morpionibus,* la bécane du pasteur Mortone, la blanquette de dévot, le bénitier de Satan, the God Miché, etc., etc. ;

– littéraires : Madame Baud varie, si tu as cru Robinson t'as pas cru Zoé, les pâleurs de Sophie, le nœud de Mauriac, l'introduction du morceau de Faust dans l'ouverture

1. Dans le Sanasutra, *Dictionnaire amoureux de San-Antonio,* Éric Bouhier, Plon 2017.

de la fille de Madame Angot, Ali Babasse et les quarante violeurs, l'éponge d'une nuit d'été, etc., etc. ;

– animalières : la botte chattée, le colibri viennois, le bouc commissaire, la mouche du scotch, la grenouille d'Elbeuf, le faucon des Carpates, la vipère lubrique du Kremlin-Bicêtre, le crabe polisson, le chien des baskets de ville, le hareng saur qui rentre, etc., etc. ;

– potagères et bien sûr vergères : la figue mi-raisin, goûte c'est pas des citrons, l'arène des pommes, la banane à fermeture Éclair, le pouce dans l'oignon, etc., etc. ;

– et cinématographiques : les dents de l'amer, les derniers jours du Con d'or, Papa est en voyage d'affaires, un tramway nommé Désir Varsovie-versa, la fièvre monte à El Pageot, la chevauchée fantastique, etc., etc.

# Bibliographie


BADINTER Élisabeth, *XY, de l'identité masculine,* Odile Jacob, 1992.

BEAUVOIR Simone de, *Le Deuxième Sexe,* NRF Gallimard, 1949.

BIANCHI E., DOE B., GOULDING D., WRIGHT G. J., « Juno is the egg Izumo receptor and is essential for mammalian fertilization », *Nature,* 16 avril 2014.

BONNARD Marc, SCHOUMAN Michel, *Histoires du pénis,* Le Rocher, 2000.

BOUDARD Alphonse, ÉTIENNE Luc, *La Méthode à Mimile,* La Jeune Parque, 1971.

BROCHMANN Nina, STØKKEN DAHL Ellen, *Les Joies d'en bas. Tout sur le sexe féminin,* Actes Sud, 2018.

CARRIÈRE Jean-Claude, *Les Mots et la Chose. Le grand livre des petits mots inconvenants,* Plon, 2002.

CHABY Lucien, *L'Andropause, une vérité qui dérange ?* Ellipses, 2008.

CHEN J, GEFEN A., GREENSTEIN A., MATZKIN H, ELAD D., *Predicting penile size during erection,* Int J Impot Res. décembre 2000 ; 12 (6), p. 328-333.

COUR, F., DROUPY, S., Faix, A., METHORST, C., GIULIANO, F. (2013), *Anatomie et physiologie de la sexualité,* Progrès en Urologie, 23 (9), p. 547-561.

DENYS P., EVEN-SCHNEIDER A., BENSMAIL D., GIULIANO F. (2007), *Physiologie de l'éjaculation,* Pelvi-périnéologie, 2 (4), p. 342-345.

DESGRANDCHAMPS François, *La prostate, on en parle ?* Hachette, 2018.

EL AMMARI JE. et coll., « Physiologie et physiopathologie de l'érection », *Espérance médicale*, mars 2012, t. 19, n° 186.

ENDERS Giulia, *Le Charme discret de l'intestin. Tout sur un organe mal-aimé*, Actes Sud, 2015.

HICKMAN Tom, *Le Bidule de Dieu*, Le Seuil, coll. « Points », 2014.

JOUET Jacques, *Les Mots du corps dans les expressions de la langue française*, Larousse, 1990.

KHELIFA Ismaël, *Mâles d'hier, hommes d'aujourd'hui : les confidences du pénis*, Le Seuil, 2018.

LIOGIER Raphaël, *Descente au cœur du mâle*, Les Liens qui Libèrent, 2018.

MASCARO Jennifer S., HACKETT Patrick D., RILLING James K., « Testicular volume is inversely correlated with nurturing-related brain activity in human fathers », *PNAS*, 24 septembre 2013. 110 (39) 15746-15751.

MIALLET Jean-Paul, *Sex æquo*, Albin Michel, 2011.

MIMOUN Sylvain, YHUEL Isabelle, *La masturbation rend sourd*, First, 2013.

PERREAULT Danielle, *Secrets d'hommes*, Frison-Roche, 1999.

PETIT Philippe, *Philosophie de la prostate*, Éditions du Cerf, 2018.

RETTNER Rachael, *Why large testes may be a sign of big heart problems*, livescience.com, 30 juillet 2013.

ROSE Philippe, PELLOUD Frédéric, LE DORAN Serge, *Le Dictionnaire San-Antonio*, Fleuve Noir, 1993.

SCHILL W. B, COMHAIRE F. H, HARGREAVE T. B., *Traité d'andrologie à l'usage des cliniciens*, Springer, 2008.

SPYROPOULOS E., BOROUSAS D., MAVRIKOS S., DELLIS A., BOUROUNIS M., ATHANASIADIS S., « Size of external genital organs and somatometric parameters among physically normal men younger than 40 years old », *Urology*, septembre 2002 ; 60 (3) : p. 485-489.

STOLÉRU Serge, *Un cerveau nommé désir, sexe, amour et neurosciences*, Odile Jacob, 2016.

VIRAG Ronald, *L'Érection mode d'emploi*, Clément, 2013.
VORILLON P., MOUSNIER B., CAMBON B., TANGUY G., GUY L., *Les Obstacles au toucher rectal dans le cadre du dépistage individuel du cancer de la prostate en médecine générale*, service d'urologie, CHU de Clermont-Ferrand.
WITTKAMP Volker, *Bien dans mon slip*, Presses de la Cité, 2017.

## 10 grands livres pour le plaisir de la lecture

APOLLINAIRE Guillaume, *Les Onze Mille Verges ou les Amours d'un Hospodar*, E. Gaucher, 1907.
BEN JELLOUN Tahar, *L'Ablation*, Gallimard, 2014.
BRULLER Hélène, Zep, *Le Guide du zizi sexuel*, Glénat, 2001.
GARCÍA-MÁRQUEZ Gabriel, *L'Amour au temps du choléra*, Grasset, 1985.
IRVING John, *Le Monde selon Garp*, Le Seuil, 1980.
LAWRENCE D. H., *L'Amant de Lady Chatterley*, NRF Gallimard, 1946.
MILLER Henry, *Sexus*, La Terre de Feu, 1949.
MORAVIA Alberto, *Moi et lui*, Flammarion, 1971.
ROTH Philip, *Portnoy et son complexe*, Gallimard, 1970.
SAN-ANTONIO, *La Sexualité*, Fleuve Noir, 1971.

# Remerciements

Je remercie Jean-Loup Chiflet, toujours en avance d'une idée, Grégory Berthier-Gabrièle, jamais en retard d'une idée, Michel Boucher, qui a eu la bonne idée de mettre en images ce que je ne sais pas dire avec les mots, et le Pr Emmanuel Tiret qui a eu la drôle d'idée de me relire.

Enfin, j'ai une pensée reconnaissante envers Les Inconnus et un de leurs célèbres dialogues :

– Les hommes, ils te draguent que pour ta poitrine.

– Tu veux pas qu'ils te draguent pour tes pieds ?

– Il y a un juste milieu, quand même !

En revanche, je suis furieux contre Google ; depuis que je tape sur Internet les mots « pénis », « testicule », « fellation » et autres « sodomies », je suis inondé de spams où l'on veut me faire des choses et même me rallonger le sexe. De quoi je me mêle, Google !

# Table

Pour en savoir plus
sur les Éditions Plon
(catalogue, auteurs, vidéos, actualités...),
vous pouvez consulter notre site Internet
**www.plon.fr**
**www.lisez.com**

**et nous suivre sur les réseaux sociaux**

Editions Plon

@EditionsPlon

@editionsplon

Imprimé en France par CPI
en octobre 2018

pour le compte des Éditions Plon
12, Avenue d'Italie 75013 Paris

N° d'impression : 149468